24 HOURS IN
ANCIENT ATHENS

古雅典24小時歷史現場

A Day in the Life of the People Who Lived There

從女巫到摔角老師、間諜到馬拉松跑者
還有蘇格拉底、柏拉圖的日常生活

Philip Matyszak
菲利浦·馬提札克——著 鄭煥昇——譯

獻給T・P・，克羅斯蓋茲[1]的舞后

1 Crossgates，英國大城里茲（Leeds）的一處地名。

目次

引言

歡迎光臨雅典，時間是西元前四一六年。這個月是伊拉菲波利昂月（Elaphebolion），不久之後就是大狄奧尼西亞（Great Dionysia）這個戲劇節慶（四月初）了。在此時，雅典的都會人口落在三萬人上下，換句話說要跟雅典比每平方英尺的天才人數密度，人類歷史上的任何一個時期都只能舉雙手認輸。

隨著這座城市盤旋在命運之戰的邊緣，即將由這場戰爭為其黃金年代畫下句點，我們會花二十四個鐘頭的時間偕貨真價實的雅典人，跟他們一起偶爾撞見同樣以這座城邦為家的一些偉人——由此我們會看到他們不是智識超凡的完人，而是跟大家一樣有著七情六慾的凡人。畢竟話說到底，天才不是一份全職的工作，沒有人從早到晚都在文思泉湧或靈感乍現。絕大多數的日子裡，他們就只是普通人，會上廁所，會跟另一半吵架，也會跟朋友出去喝個兩杯的普通人。

在多數古籍中，我們想要觀察到真正凡夫俗子的身影，只有等他們生命與先聖先賢產生交錯的時候。這本書會反其道而行，古希臘的聖賢與天才會變成配角，他們只有在劇情需要時才會出來跟日常生活裡的普通希臘人對戲。

書中的每一章若不是根據考古重建寫成，就是將當時某篇文本加以重新包裝來呈現出尋常希臘百姓的視角；遇到這種改寫性質的章節，我會提供原作的出處給有興趣「尋根」的讀者。

有些歷史的重建含有猜的成分，但也不是瞎猜，而是根據我們現有最專精的研究來推測。這些雅典人一天中的每一個小時，都經過精心設計以反映他們當時的生活經驗——為此我盡可能加入了他們曾親口說出的原話——希望讓大家見識一下極盛的城邦時代是如何地卓然不凡、充滿動態、多姿多采，但又不囿於死板的道德規範。

這天，西元前四一六年的一個春日，雅典正沐浴在伯羅奔尼撒戰爭（西元前四三一到四〇四年）中間的空檔，一如暴風雨過程中的寧靜。第一輪的戰事結束於五年前的《尼西阿斯和約》（Peace of Nicias）。雖然斯巴達人再三來襲，造成雅典的農場跟果園慘遭蹂躪，但最終雅典人仍浴火重生並出落得更加強勁。事實上，此時在雅典政壇壞小子阿爾西比亞德斯（Alcibiades）的鼓動下，雅典正認真考慮要拚一把，而西西里島正是他們想要出兵征伐的對象。

在這個由劃時代的創新與政治權謀所交織出的躁動氣氛中，也在西方文明若干千秋萬世的經典靠著壓榨奴隸，完成於帝國壓迫的過程中，書中的尋常雅典人只想在大時代裡過好他們的小日子。

這，是屬於他們的故事。

(00:00-01:00)

第1章　入夜後第七個小時

神廟的守衛想了起來

無神論者在雅典是稀有動物。而那一小撮人如果跟來自伊利斯（Elis）的潘塔基斯易地而處，也許有機會回心轉意。潘塔基斯正在雅典衛城[1]的正中央值著夜哨，而這也意謂他人在雅典娜的帕德嫩神廟（Parthenon）裡。

夜幕低垂之際，潘塔基斯格外能感受到女神的存在。她，此時就矗立在他的正後方。閃動的油燈火光，把女神的陰影打在了他的面前，由此她精雕細琢的頭盔像是微微地在搖動——就像雅典娜一邊端詳著自己領域內的這個凡人，一邊在微微點著頭似的。潘塔基斯確信她的眼睛——光天化日下是青金岩的雙眼，現在應該是其真正的顏色——雅典天際在旭日將升未升時的鋼鐵灰。他們稱呼她是「灰眼女神」：神聖的雅典娜，智慧女神的女兒，也是戰爭前線的守護女神。

潘塔基斯緩緩轉過身，所以他首先看到的是女神在她腳邊油池中那色彩斑斕的倒影。無須抬頭看，他也知道她高人一等，或者應該說高八等，因為神像的高度是正常男性的九倍，而她的肌膚一

1 Acropolis，古希臘人為了彌補平原地帶易攻難守的缺陷，而在主要發展地帶外建立的要塞城市。

如象牙白皙。她伸出一隻泛白的手臂，彷彿送上勝利的獻禮。而這說法其實還頗符合實情，因為這位女神將她的金矛靠在肩上，就是為了讓勝利女神妮琪（Nike）可以棲息在她的掌心。

勝利是一個難以捉摸的玩意，任何瞬間都可能拍動金色的雙翼飛離，所以知道雅典娜會永遠在此保護她的城市，感覺還滿令人放心的。如同任何一位值得人尊重的雅典女性，雅典娜女神也同樣身著一件帔絡袍（peplos），這種服飾從女性的香肩懸垂下來，在腰部被繫上綁帶，最後優雅地滑落至腳踝。平民穿著的帔絡袍是未經漂白的素色羊毛。貴族仕女則可能把紫色亞麻的帔絡袍穿在身上。唯有雅典娜身為宙斯的最愛及英雄的夥伴，才配得上純金的衣衫。

潘塔基斯後退一步，以便把女神的臉龐看得更清楚。今晚的她看起來格外肅穆。難道她想起了半輩子前的那天，自己是如何被天才的雙手賦予了生命嗎？神聖的雅典娜誕生於宙斯的腦袋，但她現居的這副身體，這尊置身於雅典娜專廟中讓人讚嘆不已的雕像，則是菲迪亞斯（Pheidias）的傑作，而菲迪亞斯不光在這個時代，在（偏心的潘塔基斯眼中看來）任何一個時代都是無比偉大的雕刻家。

那之後發生了很多事情，但雅典娜始終待在這裡——威風凜凜、但又有種說不出的可親，白天看起來尤其雄偉壯麗，惟她真正讓人感覺栩栩如生之際，仍只有在她與潘塔基斯一起在燈光下站哨的夜裡。

在同類的雕像中，你看不到有比菲迪亞斯之作更登峰造極的作品了。

西塞羅（Cicero）《理想的演說家》（*De Oratore*）卷二第九章

十七年前潘塔基斯第一次見到菲迪亞斯，是在伊利斯這個位於伯羅奔尼撒（Peloponnese）半島上的小城市裡。當時還是個少年的潘塔基斯，就以運動員的身分嶄露頭角，而他也因此受邀到這位雕刻大師的工作坊裡效力。菲迪亞斯解釋說能為希臘眾神雕刻神像，是極少數人才能享有的殊榮。在伊利斯，這名雅典雕刻師傅被派任的工作是要產出一尊傑作——奧林匹克運動會的守護神，及偉大宙斯本人的雕像（此刻的伊利斯正好是奧運的主辦城市）。

潘塔基斯記得菲迪亞斯在一間塵土飛揚，滿地都是大理石、象牙與稀有雪松樣品的工作室裡前前後後走過來，又退回去。簡直忘了年輕訪客存在的菲迪亞斯開始自言自語起來。「這時候祂正在對一件天大的事情頒布決定，嗯，我就是要呈現出那個瞬間的祂。肅穆、嚴峻、駭人而充滿威嚴的祂。就是這樣！」說著說著他引用起《伊利亞德》（*Iliad*）的原文：

克羅諾斯[2]的兒子，垂下了他的頭顱與深色的眉宇
而巨神那抹了油的髮絲
從神聖的頭上掉落
奧林帕斯為之震動！[3]

「就是這個！荷馬說得對。他會坐在王座上，而我會像我處理雅典娜一樣處理祂，讓由黃金與象牙打造的祂看起來光彩奪目。在祂的頭上會有一頂王冠——喔不，是花環。我會讓那花環看似由橄欖樹的枝椏組成——因為雅典娜身為橄欖之神，就誕生於那花環置放處的兩道眉毛之間。

「勝利將歸於奧運冠軍，因此我會讓祂一隻手也握著妮琪（希望雅典娜不要介意）。在宙斯的另一隻手裡，我會放上權杖。我會催促委員會撥款，好讓我能在權杖外殼安上每一種寶石。而在權杖的頂端，嗯，那必然得是隻老鷹。是隻金鷹！袍子也要是金的，上頭要繡著各種動物與花卉。百

2 Cronus，第一代泰坦的領袖，天空之神烏拉諾斯和大地之神蓋亞之子。他推翻了他父親烏拉諾斯的殘暴統治並開啟了希臘神話的黃金時代，直到他被自己的兒子宙斯推翻。

3 作者註：荷馬《伊利亞德》1.528。

合花好了，百合雕起來好看。」

百合雕起來，是真的好看。自從第一次在奧林匹亞[4]民眾的嘆為觀止與歡欣鼓舞中公諸於世之後，十二年過去了，但這座宙斯雕像仍被視為是已知世界中的一項奇觀，可與之相提並論的只有埃及的吉薩大金字塔和巴比倫的空中花園。惟伊利斯的百姓能擁有這尊傑作，要感謝雅典。不是感謝雅典的偉大，而是要感謝最不堪的那個雅典——這說的是小鼻子小眼睛地見不得別人好，喜歡背後捅人一刀，還唯恐天下不亂去煽動民粹的雅典政客。

> 菲迪亞斯在我看來，是唯一一個真正雕塑出奧林匹亞宙斯神髓的藝術家。我懷著甚高的期望來欣賞他的塑像，結果他遠遠超乎了我的預期。
>
> 馬其頓征服者盧基烏斯．埃米利烏斯．保盧斯（L. Aemilius Paullus）
>
> 波利比烏斯《通史》卷三十第十章（Polybius *Histories* 30.10）

當時的菲迪亞斯還是個少年，波斯戰爭則剛結束在不久之前。歷經了波斯大軍於西元前四八〇年占領了雅典城後的使勁破壞，此時雅典大部分還是滿目瘡痍的一片廢墟。波斯把怒火一股腦發在了雅典衛城身上。拜火的波斯人拿雅典娜的神廟沒有任何用處，於是便將之砸了個稀巴爛。

伯里克利（Pericles）所以能率領雅典的民主，不是經由任何階級高低或公職選舉，而單純靠的是他的個人魅力。他的決斷是以雅典娜的神廟為首，衛城必須重建，而且重建的規模要把世間的其他建築通通超越。新廟的打造將用上所有頂級的建材，包括牆壁的石材會選用彭特利庫斯山（Pentelicus）的白色大理石，屋頂則由雪松的梁木與鍍金的瓦片組成。

黃金分割率

把一條直線分成長短兩部分，並讓長段除以短段的比值，會等於直線全長除以長

4 奧林匹亞位於伯羅奔尼撒半島西北部，為古希臘人祭祀宙斯的聖地，也是西元前七七六年起，古奧林匹克運動會的發祥地。

段的比值。而這個比值，就是跟圓周率 π 一樣是無限循環小數的 1.618…，也就是所謂的黃金比率，亦稱黃金分割率。

黃金分割率的兩大應用在藝術與工程，由此集藝術與工程於一身的建築當然也很愛用。帕德嫩萬神廟的長與寬就符合黃金比率，而這真的是其來有自，畢竟發現黃金比率的人別無分號，正是菲迪亞斯。在數學等式中，黃金比率的代表是希臘字母 Φ，音近菲，菲迪亞斯的菲。

小一點的雕像會用上來自帕羅斯島（Paros）的大理石，那是已知世界上最好的大理石。雅典娜的雕像在作為衛城核心的神廟裡，會占據中央的地位，一如衛城位於雅典的中央。對於這樣的一尊雕像，光用上大理石是不夠的。這尊雕像還會使用拋光的象牙與純金，讓崇拜者從雅典娜的威嚴光華中，看見雅典這座城市的地靈人傑。

負責監工的委員會由三人組成。第一個人負責勞工與建材的採購，第二個人負責建築與工程事宜，第三人則負責把所有的元素組合起來，創造出一個稱得上是藝術的整體。菲迪亞斯，就是這第三個人。

菲迪亞斯與他的同事漂亮地完成了工作，是沒人能否認的事情。但或許是一時間被虛榮給沖昏了頭，菲迪亞斯圖利了他自己與其贊助人伯里克利。主要是在一幅描繪雅典人與亞馬遜人對戰的浮雕中，他把自己雕成一名在對敵人投擲石塊的戰士，並栩栩如生地加入了伯里克利與亞馬遜人作戰的情節。更糟糕的是，外頭盛傳菲迪亞斯在名義上邀請出身上流的貴婦去參觀施工的現場，但實際上是把這些女性帶去給伯里克利勾引。

伯里克利的政敵判斷他們只要把菲迪亞斯拉下來，就可以對伯里克利造成傷害。由此菲迪亞斯的一名員工被策反作證說菲迪亞斯私吞了一些要作為雅典娜衣著材料的黃金。

那些黃金可不在少數，因為帕德嫩神廟裡的雅典娜塑像可不只是為了雅典的榮光所見，她同時還是雅典城的儲備銀行。來自女神衣袍的黃金可以在緊急時被移除下來支付船隻與人員的費用——前提是那些黃金要於事後被補上。事實上帕德嫩神廟的內殿（cella）作為存放女神像的處所，有一樣特殊的設計。不同於多數神殿的同一個房間，帕德嫩神廟的內殿一分為二，其中位於女神身後那極為隱密的第二間內殿，是一間儲藏室，當中存放著金銀，還有進獻自雅典帝國諸藩屬城市的貢品。

伯里克利早已預見了侵吞公款的風險與在政治上遭受這類指控的可能，因此他早已下令讓菲迪亞斯把女神的金衣設計成若有必要，則隨時可拆卸下來秤重。而在過磅之後，所有該在的黃金都分毫末少。「啊，」菲迪亞斯那背骨的助手說，「我有說是黃金嗎？我指的是象牙。他侵吞了作為雕像材料的部分象牙。」象牙是雕像不可分的一部分，因此無法取下來過磅。百口莫辯的菲迪亞斯就這樣被草草定了罪，拖入了大牢。

潘塔基斯始終不知道菲迪亞斯是如何逃出雅典監獄，來到伯羅奔尼撒半島的伊利斯，也不清楚他後來是如何成為宙斯雕像的總設計師。幾乎可以確定的是伯里克利有出手干預，主要是工地現場雖突然少了菲迪亞斯，但帕德嫩神廟的興建卻絕不能喊停。

而那就意謂菲迪亞斯還有利用價值。他在雅典留下了一群年輕的藝術家學子，由學生們負責完成恩師起了個頭的工程。潘塔基

菲迪亞斯在委員會面前呈現了他經典的雅典娜雕像模型。

斯猶記得當時日復一日，經常有來自雅典的使者冒冒失失闖進在伊利斯的工作室。他們會追問各種問題來確認不同雕像的比例尺、對齊的方式、各面山形牆該分別選用哪些石材，外加成百上千的各種細節。時間久了，聽多了相關工程進度，潘塔基斯也開始跟菲迪亞斯一樣執著於帕德嫩神廟。這座史詩般的建築，還有那尊幾乎要了他恩師之命，美輪美奐的雅典娜神像，他說什麼也要親自看一眼。那些他聽到耳朵長繭的細部設計究竟會如何變成現實，讓他滿心都是壓抑不住的好奇。

菲迪亞斯雖然不很情願，但還是同意讓潘塔基斯走一趟雅典。此時的潘塔基斯已不單單是菲迪亞斯的學生，也已是他日久生情的戀人。後來，潘塔基斯發現菲迪亞斯在宙斯神像上做了跟在雅典娜神像上一樣的事情：在雕像基底接受頒獎的年輕人，正是潘塔基斯。

亞伯拉罕・宙斯・林肯

若有興趣知道宙斯神像曾經是個什麼模樣，我建議你走一趟美國華府，因為那兒有不少仿希臘神廟建築（早年的美國人可是很懂經典的），像那兒的林肯紀念堂

（Lincoln Memorial）除了浮雕與多立克式（Doric）[5]大理石柱一應俱全，裡頭還有一尊林肯像端坐在王座風格的椅子上，而那姿勢正是刻意模仿奧林匹亞宙斯當年應有的模樣（只不過林肯像高度還不到六公尺，只有菲迪亞斯宙斯像的一半）。另外你猜對了，林肯紀念堂的長寬分別是五十七點八公尺與三十六點一公尺，算起來很接近菲迪亞斯的黃金分割率。

有些手語的使用者認為就跟被致敬的菲迪亞斯一樣，林肯像的雕刻者也忍不住在作品中加了「彩蛋」。據說坐姿林肯的手指在手語裡，讀起來是A和L，也就是亞伯拉罕・林肯的字首。而雕刻家這麼做，可能是為了方便他天生失聰的兒子。

雅典，該怎麼說呢？對於一個來自鄉間的年輕人，這地方大得讓人頭暈目眩。在結合了市集與廣場的阿哥拉（Agora）中推擠前進，耳邊同時聽得見敘拉古（Syracuse）與波斯口音混雜在幾近

5 多立克柱式是古希臘三種柱式中的一種，另外兩種柱式是愛奧尼柱式和科林斯柱式。

赤裸的色雷斯（Thrace）奴隸發出的野蠻咕噥聲中，是讓人興高采烈的體驗。在伊利斯，公民們幾乎是太陽一下山，就全部在床上躺平；在雅典，由火炬照亮的派對會一直延續到深夜。街頭有藝術家與雜耍者獻藝，僅僅幾碼外的柱廊上則有哲學家在辯論著現實的意義。

搭乘的船隻一挺進比雷埃夫斯（Piraeus），潘塔基斯就覺得自己是個雅典人了。作為雅典的外港，比雷埃夫斯可謂船滿為患，當中從肥肥短短的在地小漁船，一直到身形魁梧的商船，再到纖細如鯊魚，可以順利滑進內港的三列槳座戰船（triremes），都一一在列。那由某種目的在驅動著的熙來攘往，讓他看得目不轉睛。

慢慢地，他發現匆忙不只是外港比雷埃夫斯的專利，而是整座雅典城的主題。雅典居民或許不曉得他們的城市在往哪裡去，也不清楚要如何抵達那個目的地，但無論如何他們不曾停下腳步——甚至比古往今來的任何人都更加健步如飛，也更為風騷獨領。這是一個充滿可能性的時代。

潘塔基斯在從比雷埃夫斯通往雅典的路上，距離宙斯神廟不遠處的一間酒館樓上，租了間房；這是家以兩位老闆命名的酒館：法娜哥拉與狄米崔歐斯（Phanagora and Demetrios）。安頓好之後，他白天晃到了雅典衛城，並靠著他跟菲迪亞斯是熟人的身分，混入了把工地擠了個水洩不通的雕刻師、畫師與石匠群。這些人每劈下一刀、畫下一筆，或是敲下一鎚，這世上最美麗的建築就一點一點在他眼前成形，潘塔基斯怎捨得離開？

午後跟晚間，潘塔基斯會在樓下的酒館打工賺點外快。他一邊跑堂，一邊滔滔不絕地與任何一個稍有興趣的人，暢談帕德嫩神廟的美景與盛況，其中客棧老闆的掌上明珠賽蘭丁，可以算是他聽眾中的班底。賽蘭丁的本意其實是白屈菜（Celandine）這種美麗的野生黃花，而潘塔基斯覺得嬌豔的賽蘭丁可謂人如其名。

不久後，賽蘭丁從客棧千金變成了伊利斯人潘塔基斯之妻，而變成女婿的他也開始跟岳母大人學習酒店的經營。

就這樣，潘塔基斯變成了雅典人。嗯，精準一點說他變成了一個沒有雅典公民權的「僑民」（metic）。想當個具有完整公民權的真雅典人只有一條路，就是你出生時的爸媽都是雅典人。俗話說：「等貓變成狗，你就能變成雅典人。」但身為雅典的「客人」也可以了。客籍雅典人的metic一字，是metoikos的縮寫，意思就是「換地方住的人」。雅典人可能會把自己的公民權當寶，深怕被人搶走，但其實他們生活中樣樣都少不了客籍的外勞。這數萬之眾的客籍人士裡有商人、店員、祭司、水手，沒錯，還有酒館老闆。

血統純正的希臘人會作勢看不起旅居的外人，但雅典的僑民面對這些鄙夷的態度不卑不亢，理由是他們往往比嘲笑他們的正牌雅典人富裕許多。許多雅典人都是農人，主要是外國人士依法不准持有農地。若是這些雅典人知道僑民在背後管他們叫「乾草種子」，意思是鄉巴佬，那他們的態度可能就沒辦法那麼高高在上了。

雅典的僑民推動著雅典經濟的複雜引擎，同時也靠著他們繳的稅，雅典才能擁有那支讓他們縱橫於海上的三列槳座戰船艦隊（雅典僑民得為了雅典的居留權而多付一筆稅款）。由於在雅典當儲備酒館老闆的潘塔基斯，比起在老家伊利斯當個小小地主的潘塔基斯，前者的收入要高上許多，所以他樂於接受次等公民的身分。他現在有個健康的兒子和一個白白胖胖的漂亮女兒，而這兩個土生土長的雅典孩子都將繼承他僑民的身分。

身為僑民，潘塔基斯不能參加公民大會（雅典的婦女與奴隸也同樣被排除在外），也不能擔任陪審員。他當然可以在雅典的各個法庭提起訴訟，事實上他近期才剛告過一個廠商，因為對方賣給他的好幾桶葡萄酒，其實是醋。幾名陪審員從一壺假酒面前走過去，然後判定他可以獲得全額退款——外加賠償金——的那個表情，潘塔基斯至今記憶猶新。

雖然他不能參加公民大會，但潘塔基斯仍得受其議定命令的約束。僑民一樣得在雅典的軍隊中服役，而且操練的艱辛一點也不會輸給公民。潘塔基斯的財力負擔得起一整副的盔甲加兵器——而這全副武裝也使他得以進身在雅典戰士裡屬於最高級的重裝步兵（hoplite）。一旦雅典與外敵兵戎相見，那不論他願與不願，潘塔基斯都得和投票同意出兵的公民們並肩作戰。

在近期與斯巴達的戰爭中，潘塔基斯服役於色雷斯，但這也塞翁失馬焉知非福地讓他避開了雅典的嚴重瘟疫，惟他的愛妻賽蘭丁也在這場疫情中離他而去（他出征在外的時候，酒館的經營是由他顯然無堅不摧的岳母法娜哥拉負責）。如今，僑民潘塔基斯已經是受到信任的雅典僕人，沒有人質疑他的忠誠，也沒有人不相信他有足夠的體能條件為雅典城效力，包括以衛城守衛的身分深入雅典娜神廟的核心。

涼鞋拖在石頭地面的摩擦聲，讓潘塔基斯知道換班者已在路上。他的當值已經來到尾聲。不久之後，就會有別人取代他與女神為伴，只不過到底是衛兵在保護女神，還是女神在保護衛兵，潘塔基斯覺得實在不好說。接下來他將進入守衛的營舍，跟同袍交換一兩個不堪入耳的笑話，把一杯廉價的葡萄酒咕嚕喝下肚，然後在早哨前補眠幾個小時。

當黎明為鐵灰色的天空添上色彩，而早起的細小身影魚貫出現在底下的阿哥拉廣場上時，他就得開始清晨的站哨。下哨時他會繞去神廟向女神殿下再致個意，然後就是走下長長的階梯，通過層層哨站的檢查抵達地面的市區，最後則是步行穿過雅典的長牆，[6]朝酒館踏上返家之路。

有時候他會在內心好奇菲迪亞斯現在過得如何。在與斯巴達交戰的某個時間點上，菲迪亞斯似

6 Long Walls，古希臘不止一處築有長牆，但長牆一詞通常指的是將雅典城本體與比雷埃夫斯與法勒魯姆等外港連接起來的雙層城牆。靠著這堵牆，雅典即使受到包圍也能確保對外海路暢通。

乎從對雅典有敵意的伊利斯溜走，然後就不知下落了。他不世出的才華就這樣永久消逝在世界上。要是菲迪亞斯能再見到舊愛，看到他後退的髮際線與在夏陽下南征北討所曬出皮革般的黝黑臉龐，這位雕刻大師會怎麼想呢？

> 菲迪亞斯是各邦國之間最負盛名的雕刻家……而且是實至名歸。
>
> **老普林尼《博物誌》卷三十六第十八章（Pliny the Elder *Natural History* 36.18）**

任誰看到這個身穿盔甲的沙場老將，或是葷腥不忌與客人談天說地的客棧老闆，都絕對想不到他曾經是出身伊利斯的纖瘦金童。惟在正襟危坐於奧林匹亞神廟內的宙斯小指上，就在那眾神之王的一根指頭上，菲迪亞斯刻下一則兩個字的人名：Pentarkes Kalos，意為：美麗的潘塔基斯。

也是啦，潘塔基斯邊想邊拉了拉胸甲下面那一年大一圈的肚腩，我以前是挺美的。

菲迪亞斯

菲迪亞斯踏進青史，是因為伯里克利將雅典許多重大工程的藝術設計託付給他，時間大約在西元前四百五十年前後。菲迪亞斯的豐功偉業包括創造出雕刻的「純古典」風格，其特色是藉年華正盛的男女呈現人類胴體的完美，並賦予作品遠眺的寧靜眼神。很顯然，這種風格最適合拿來刻劃希臘眾神（當現代人說出某人有著「希臘神祇的身材」，我們腦中想的其實是菲迪亞斯詮釋的希臘男神女神）。

我們對菲迪亞斯的所知大多來自比他晚五百多年後的作家普魯塔克（Plutarch）。菲迪亞斯被流放的具體緣由被帶過，但根據柏拉圖所說，菲迪亞斯在來到伊利斯之後變得炙手可熱，主要是他的手藝非常搶手，而他也在這過程中變得極為富有（柏拉圖《美諾篇》91D）。史家一般都同意菲迪亞斯未能善終，但沒有人確定他究竟是死在雅典人、伊利斯人，或是斯巴達人手中。

(01:00-02:00)

第2章　入夜後第八個小時

奴隸玩心大作

技術上而言，達芮亞身在「男室」（andron）之中。這是希臘建築中專門給男性使用的空間，通常是一家之主用來款待賓客之所，但很顯然這間男室並不是作為這樣的用途。在孤零零一盞油燈的黯淡光芒下，人的目力所及不外乎一張寫字桌，但其實在陰影中，平日那張躺椅已經被推到牆邊，而紙卷、衣物與一個吃了一半的橄欖麵包卷，則各自占據著椅面。

此外，這個男人境地中另一名僅有的房客，同樣也是女的。髮長過頸的這兩人研究起了書桌上的東西。突然間，達芮亞的同伴用誇張的語調誦唸。

「啊，蘭碧妥，妳這惹人憐愛的斯巴達女孩，生得一副討喜的臉蛋，被玫瑰般的春天刷洗乾淨！妳步伐踏得如此輕盈，身形如此柔滑纖細，但卻又看著好像能勒死一頭公牛似的。」

作為回覆，達芮亞煞有介事地嘗試模仿斯巴達口音中的寬母音，但只落得很尷尬地發現自己更像是感冒喉嚨痛。斯巴達人本身是支封閉的民族，少數從拉科尼亞（Laconia）來到雅典的族人又極度，嗯，有拉科尼亞的「省話」之風（英文形容詞 laconic 就代表說話簡略之意），所以也不是說她平日有多少對象可以參考琢磨。

她研究起面前的書卷。她納悶的是人要如何用玫瑰般的春天洗臉？但劇作家用的就是「玫瑰」一詞，他甚至先將之劃掉後再放了回去。

她的同伴克莉賽絲不耐地嘆了口氣，並重新跳進了她在這齣戲裡的角色。「妳那對胸部也太美了吧！」

達芮亞退縮了身子，想避開克莉賽絲的鹹豬手，對此克莉賽絲貌似委屈地為自己辯護說：「劇本就是這麼寫的啊——妳看，妳應該要回答說：喔，你的手指觸摸起它們，又是撓癢又像溫柔的輕彈，讓我感覺彷彿自己是祭壇上的牲品。」

達芮亞心想，這難道是為了搞笑嗎？然後她突然想到雅典舞台上不論是台詞或動作，都是由男性演員演出（女性角色在雅典劇場裡採男扮女裝），所以沒錯，由兩個變裝的男人在舞台上演出愛撫假奶的一幕，正是這位劇作家——她的主人阿里斯托芬（Aristophanes）——最令人搖頭的那種猥褻幽默。

達芮亞知道她跟克莉賽絲並非尋常的少女奴隸，因為她們倆都識字。識字可不是每個自由之身的雅典女孩都能拿出來說嘴的本領，但能在雅典首屈一指的喜劇作家府上擔任僕役，她們有這點語言造詣好像也無須太過吃驚。這裡說的劇作家，阿里斯托芬，已於稍早歇息入睡，所以才留下了他沾染點點墨漬的最新喜劇力作初稿，供家中這對體力過剩的年輕女奴先睹／演為快。

克莉賽絲細究起她所扮演的角色名諱。「莉西絲特拉塔。這倒少見，什麼樣的爸媽會給他們的女兒取一個意思是『終止部隊任務』的名字啊？取其『新生』之意叫妮艾拉不好嗎？不然祝願孩子以後是個美女而叫她尤多琪婭也不錯啊？」

「嗯，取那種好聽的名字都會被命運打臉啦。妳沒看到尤德賽斯家的女兒取名叫伊卡特琳娜，盼望她能冰清玉潔，結果她交了一打男朋友。再看看我，我的名字有『家財萬貫』的意思，結果呢，連身上的這件衣袍都不是我的。而妳叫做克莉賽絲……」達芮亞尷尬地沒再往下講。

克莉賽絲的名字是她的罩門。一個人會在雅典變成奴隸，可能有好幾種原因。克莉賽絲告訴達芮亞說她的成奴之路始於二十五年前，當時有呂基亞（Lycia）的海盜在哈利卡納蘇斯（Halicarnassus）附近擄獲了一艘船，船上有克莉賽絲身為小貴族之女的母親。只是克莉賽絲的外祖父雖身為貴族，卻不願意支付海盜要求的贖金，於是克莉賽絲的母親就被賣去當了奴隸（這位外祖父還有另外兩個女兒，而每個女兒都代表一份龐大的嫁妝，至於這有沒有影響他的決定，真的不好說）。就這樣當克莉賽絲出生時，她的母親身分是安納托利亞某波斯基層官員的小妾。

她的名字或許意謂「黃金」，但克莉賽絲生得就像她的波斯父親一樣黝黑。在一次希臘對她沿海城鎮故鄉的突襲中，十八歲的克莉賽絲被抓了起來，然後被當成戰利品賣到了雅典。因為母親從小的教導，所以她能讀能寫，而這也吸引到了劇作家阿里斯托芬的注意，他正好需要一名奴隸擔任

手握笑臉面具的喜劇繆思女神——塔利亞（Thalia）。

三合一的祕書、清潔工與管家。克莉賽絲就這樣在劇作家的公館待了下來，直到現在。

克莉賽絲還算是幸運的，起碼知道自己的父親是誰，像達芮亞就不知道。給她這個名字的人，是她那個有心栽培她的母親。身為一名奴隸兼妓女，她工作的地方是庫達賽納翁（Kydathenaion，雅典五個行政區當中最大的一個）一間等級較高的青樓。因為不希望女兒也從事這份代代相傳的行業，達芮亞的母親千方百計讓孩子不僅能夠識字，而且還通曉基本的會計。接著達芮亞就被賣給了妓院的一名常客，阿里斯托芬。等達芮亞進了阿里斯托芬家的大門，克莉賽絲也算是打發時間吧，替達芮亞補完了她還沒受完的教育。

在阿里斯托芬家當奴隸，倒不是件壞事情。這兩個女孩都當了一輩子奴隸，但她們都自認現狀還遠勝過某些自由之身的窮人，包括她們常看到那些在貧民窟討飯的傢伙。起碼她們有得吃、有得穿，夜裡在床上睡得也暖。

再者，奴隸身分在多數希臘人的眼中，只是一種嚴重的社會弱勢，而不是什麼先天性的遺傳（在希臘同胞之間，所有人都知道生來就要為奴的只有蠻族）。受過良好教育的希臘奴隸都會自認他們只是暫時陷入了人生的低潮，而他們的主人也會擁有相同的認知。至少達芮亞與克莉賽絲可沒打算一輩子供人使喚。克莉賽絲正接受著某腓尼基商人手下一名侍從的追求，那是個迷上了她古銅色肌膚跟深色捲髮的男孩。要是阿里斯托芬賣了她，克莉賽絲就會成為人妻並索討自由之身來當作嫁妝。自由之後，克莉賽絲的人生就海闊天空了。

達芮亞鎖定的則是阿里斯托芬本人。嗯，有何不可呢？不少小妾都無縫接軌地成為了正室。阿里斯托芬年約三十出頭，正好是適婚年齡。雅典男人的習慣是娶比自己小十到十五歲的妻子，所以他跟十七歲的達芮亞可以說是非常匹配。比起去娶某個阿里斯托芬也不太清楚底細，而且又手長腳長的笨拙貴族之女，娶達芮亞顯然合理多了。

阿里斯托芬既不需要為了錢而犧牲自己的婚姻，也不欣賞經常被他在筆下調侃的政治菁英。幾年前有民粹型的政壇人物克里昂（Kleon）因為氣炸了自己如何在阿里斯托芬的喜劇中被挖苦，索性把這位劇作家拉進法庭（即便如此——或正因為如此——那部劇作在當年祭祀酒神狄奧尼索斯〔Dionysus〕的勒納節〔Lenaia〕中拿到了首獎。雅典人可是沒在崇拜領導者，或覺得他們有多尊貴的）。

克里昂會如此氣憤難平，一個可能的原因是阿里斯托芬在字裡行間暗示他身為政客的清白有些問題。達芮亞讀過也記得那一段的每一個字：

> 這名惡徒，這名臉上無毛的竊賊，這名惡徒，這名惡徒——我說再多次惡徒都不算過分，因為他一天就要扮演惡徒上千回。捶他、摔他、將他碎屍萬段、仇視他……

你知道如何像搖晃一棵結實纍纍的無花果樹似的，把人的金銀財寶榨取出來……你知道如何勒索那些老實的公民、溫順得像綿羊的公民、家財萬貫但害怕打官司的公民。[1]

相對於克里昂顯然不會是阿里斯托芬的鐵粉，蘇格拉底倒是很意外地跟阿里斯托芬相處得挺和睦。而這一點也凸顯了蘇格拉底的為人，畢竟換成其他人面對阿里斯托芬在《雲朵》（*The Clouds*）一劇中對主人翁蘇格拉底的下手之重，恐怕很少有人能不翻臉。把整齣喜劇用來處理單單一名哲學家，不是很常有的事情，而這齣戲也毫不留情地把蘇格拉底本人、他的人格，還有他的各種點子，通通酸了一遍（阿里斯托芬在劇中描寫蘇格拉底的點子是在一種叫做「智庫」的工坊中製造出來的）。《雲朵》在阿里斯托芬的作品中，是迴響比較差的一部。

按照達芮亞後來從雅典的「八卦體系」中得知，蘇格拉底之所以沒被這齣戲傷到，靠的是他自己。這位哲學家沒有一看到衝著自己來的酸言酸語句句帶刺就畏畏縮縮或暴跳如雷，反而趁機自娛娛人。禮讚酒神的戲劇節慶吸引了一批批外國人來到雅典，而當有丈二金剛的觀眾納悶這齣戲在演誰而冒出一句「這個蘇格拉底老兄是誰啊？」的時候，主角本尊就會笑容可掬地站起來對觀眾揮手，

1作者註：阿里斯托芬《騎士》（*Knights*）各處。

跟大家自介說他就是蘇格拉底。

相對於用掌聲去回應一齣蘇格拉底被描繪成自大狂的戲劇，觀眾反而認為阿里斯托芬的作品是在霸凌一個腳踏實地而且和藹可親的好傢伙，更別說這人還算得上是名戰爭英雄（在辯論倫理與靈魂本質之餘，蘇格拉底打起仗來就像一條瘋狗）。阿里斯托芬的劇作以第三名作收——這年也只有三齣戲參展。

阿里斯托芬

阿里斯托芬被認為是雅典「老喜劇」（Old Comedy）流派中最偉大的劇作家，只不過這個流派中也只剩下他一個人的作品傳世就是了（他大約四十篇劇本中現存十一篇）。

阿里斯托芬從來不是個餓著肚子在閣樓中趕稿的潦倒作家。他含著金湯匙出世，生在一個富有的家庭（他們家疑似是埃伊納島〔Aegina〕的地主）且接受了極為良好的教育。他姑且能算是荷馬作品的學者，且有十足的能力在同時代首屈一指的哲學家之間不被問倒。

阿里斯托芬是個徹底的反戰主義者，除了《利西翠妲》（*Lysistrata*）以外，他還有許多作品是用來痛批戰爭是多麼無用，還有將他的故鄉雅典拖入戰爭泥淖的那些人是多麼愚蠢。

我們不清楚阿里斯托芬最後娶了誰，但他應該是有結婚的，因為當他在西元前三八六年前後死去後，他似乎有兩篇遺作的半成品在三個兒子其中一人的手中被補完並搬上舞台。

達芮亞絕對肯定《雲朵》是個好作品。當中的一個主角，史崔普希亞德斯，被債務壓得喘不過氣來，原因是他寵愛的貴族妻子縱容他們同樣受寵的兒子鋪張浪費超出史崔普希亞德斯的財力所及。達芮亞完全認同娶個貴族妻子回家是件很蠢的事情；貴族妻子就等於是把錢浪費在駿馬、絲綢與快意人生上的女子。阿里斯托芬需要一個面容姣好、嫻熟家務，有腦子又有個性的伴侶。要覓得這樣的神仙美眷，阿里斯托芬其實不用打著燈籠四處找，因為他床邊隔壁的枕頭上就躺著一個理想人選。達芮亞奮不顧身地堅持著她的「倒追大作戰」，只是對於一個靠文字為生的人來說，阿里斯托芬對各種明示暗示也實在是太遲鈍了一點。

在短暫但張力十足的沉默後，兩名女奴繼續讀起了《利西翠妲》。出於一種默契，她們已經暫時停止了繼續扮演劇本中的不同角色。最終克莉賽絲開了口：「喔，這裡面好像提到我們開始清心寡慾了。」

達芮亞愣了一下，因為她的閱讀進度比克莉賽絲慢很多。「為什麼？因為宗教因素嗎？」

「也可以這麼說吧。希臘女人全都立誓不做那件事了。在這，妳看看這幾行寫的：『不躺在床上盯著天花板做，也不兩手兩腳跪著做起司刨絲器上的獅子[2]姿勢了。』這是完全的禁慾。」

「姿勢又不是就這兩種，」出身窯子的達芮亞很專業地評論了起來，「其他還有像是……」

她停頓了一拍，突然意識到這段文字背後的含義。沒有人會閒來沒事寫一本反戰的劇作，所以市場的傳言是真的嘍，和平正在崩毀。

2 獅子是指女性向前跪著的姿勢，古希臘的起司刨絲器跟現在廚房裡的用具外形差距不大，因此有人推論這裡是指女子交媾的動作有如起司在刨絲器上來回移動。這大體上就是一個狗爬式的性姿勢。

達芮亞固然樂見利西翠妲開會要希臘女性把雙膝夾緊，直到那些臭男人停止跟別人打來打去，但她還是很確定打鬥不會絕跡，因為打鬥從來都沒有絕跡。近期雅典人就跑去埃及打了一仗——結果非常慘烈，但即便如此，雅典人還是忍不住在小亞細亞投入另一場戰事，而這一戰也把克莉賽絲帶到了雅典。這之後又有斯巴達人，然後現在大家都在聊說雅典想要征服西西里島是易如反掌。荷馬是對的；男人會喝膩紅酒，會厭倦跳舞，但他們永遠不會厭倦戰爭。

利西翠妲

這齣戲最終在西元前四一一年上演，距離我們想像中的初稿寫成已經相隔五年。此時的希臘社會背景是斯巴達人已經與雅典再起兵戎，所以利西翠妲才會想要「揭竿而起」，像故事裡說的那樣號召希臘的女性同胞一起在床上罷工，希望藉此逼迫她們的男人們化干戈為玉帛。

這齣戲被認為是阿里斯托芬的傑作，因此也頻繁地獲得翻譯或納入選集。這篇作品的許多現代版本都有一個問題，那就是譯者對原作者的意旨詮釋太過明顯地加上女性主義色彩。比起許多他同時代的劇作家，阿里斯托芬確實對女性更為同情許多，但他在此採用讓女性占得上風的情節設計，其實是在追求喜劇的效果。

古希臘的原文裡有滿滿讓人臉紅心跳的限制級笑點，敏銳一點的譯者都會將之含糊其辭地帶過。你可以想像莎士比亞寫起黃色小說，然後在裡頭加上一條政治的故事線，大概就是正版利西翠妲的原汁原味。

達芮亞恨透了戰火的回歸還有戰爭會帶來的不確定性。阿里（斯托芬）得冒著生命危險遠征，說不定沒命回來，而萬一戰火肆虐得太嚴重，搞不好達芮亞和克莉賽絲都活不到最後，一切都很難說。

「戰爭是男人的事情。」克莉賽絲在燈光下背對著達芮亞說。

「所以我們就乖乖蹲在家裡，當個寂寞與被遺忘的女性，」克莉賽絲說，「忍受他們不難預期到的脾氣與幼稚行徑，因為即便咬牙當個啞巴，我們也不難拼湊出戰爭的走向。畢竟即便待在家裡，他的話題也三句不離戰情。當然若是參加完公民大會，那他確實可能會帶回來一個比一個更愚蠢的新鮮決定，包括讓我們加速奔向滅亡的那個。反之要是忍不住問了他們是什麼樣的文字被銘刻在了條約的石碑上，那我們只會被狠狠賞個白眼。他們會厲聲警告我們快滾回織布的機杼——否則就等著忍受之後幾個小時又辣又痛的屁股。」

達芮亞有點驚訝聽到同伴的這番連珠炮的氣話。她不知道原來克莉賽絲這麼會講。然後她突然意識到在自己忙著閱讀紙卷的時候，克莉賽絲已經拿起了劇作家主人的潦草筆記，然後照著唸起了上面的一字一句。越過克莉賽絲的肩頭望著那滿是墨漬的手稿，達芮亞看到阿里斯托芬三兩筆寫出的一句話：「以弱強方式來達成四步格。[3]」也不曉得那是什麼意思。

達芮亞呵呵笑了起來。她知道自己為什麼認不得主人的字了，那是因為他還沒有在這齣劇裡放進下流的笑話。黃色笑話是阿里斯托芬最擅長的強項，他總能用甚是優雅的詩句去表達不堪入耳的訊息，搞得哭笑不得的觀眾不知道是該讚嘆還是生氣。

她會很嚴格地審視主人的作品。她倒不是專門的劇評，但只要阿里斯托芬的作品佳評如潮，那她在家裡的生活就能好上加好。成敗的關鍵往往在於合唱的部分，好的合唱會帶劇本上天堂，不好的合唱會讓劇本不像樣，一切端視合唱團是否訓練有素。而這裡有合唱部分的歌詞——但等等。達芮亞好像被什麼嚇了一跳，在桌上厚厚一疊的書卷中尋起了寶，果然，這裡還有另外一份合唱歌詞。

3 這表示阿里斯托芬想要採取「弱強四步格」（Iambic tetrameter）這種詩的韻律。

她這才意會到阿里斯托芬打算將合唱部分一分為二，一部是男聲，另一部是女聲。而合唱部分加倍，就代表出錯的可能性也加倍。但這無疑是非常新穎的設計，而達芮亞認為劇場的觀眾應該會為此給予阿里斯托芬肯定。

達芮亞盼望著阿里斯托芬可以再度贏得另一個酒神節——狄奧尼西亞節——的肯定，那可比勒納節露臉多了。在狄奧尼西亞節上，雅典每一名有頭有臉的劇作家都會共襄盛舉拿出自己的作品。辦在迦米里昂月（Gamelion，雅典曆法七月，約當現代人的一月）的勒納節是比狄奧尼西亞節早兩個月，重要性較低的節慶。劇作家往往會用勒納節來試試水溫，看看自己的人氣如何，然後再於狄奧尼西亞節上放手一搏。

她思量了一番主人的選擇與性格，心想他可能會在勒納節上丟出這篇作品。這齣戲會不會受歡迎是另外一件事情，但這肯定是他不吐不快的作品。惟這麼做也是一場豪賭便是。萬一和平維持了下來，那這整齣戲就可能連節慶的入場券都拿不到。屆時阿里斯托芬這劇本就等於白寫了。達芮亞把這樣的見解告訴了克莉賽絲，結果克莉賽絲有不同的意見。

「不，妳不了解他。他會把這篇劇本掐在手裡改來改去，直到許多年後的某天惡戰終於開打。就算我們兵不血刃攻下了西西里島，戰爭也永遠不會絕跡的。」

達芮亞似笑非笑了一下，然後用斯巴達的拉長口音說：「那些斯巴……達人絕不會善罷甘休的，妳等著瞧……吧！」

「喔，我以荷米斯．普緒柯蓬波斯[4]之名發誓，妳那個口音我實在是聽不下去！不過我們還有點時間。他熬完夜肯定不會早起。妳想再試一遍蘭碧妥那段嗎？」

4 Hermes Psychopompus，負責把新死之人的靈魂導引至冥界之神。

(02:00-03:00)

第3章　入夜後第九個小時

突然間毫無警訊地，不省人事的女孩嘔吐了起來。佛伊科斯見狀便馬上把病人翻身趴在他的膝蓋上，並幫女孩拍背來疏通呼吸道。

醫生治療了一名阿芮芙洛斯

「你可曾注意到只有壞消息會一秒鐘都等不了？你兒子在賽事中贏得勝利的冠冕，或是詩作得到了褒獎，大家會等到隔天早上才把喜訊告訴你。但如果天琴座都還高掛在天空中，就有人來猛力敲在你的門板上，讓你連頭探出毯子的時間都沒有——那你不用懷疑，肯定是壞消息。」

身為醫師的佛伊柯斯瞇起眼睛，看了一眼屋頂上透著淡淡藍色的天琴星。神話故事裡，天琴座的星星組成了奧菲斯（Orpheus）那傳奇的里拉琴，而奧菲斯本身則是一名可以用天籟把樹上鳥兒都迷倒的歌手。事實上諸神聽了妻子早逝的奧菲斯演奏豎琴來安慰自己，都感動到落下了淚滴。

這不是第一次，也不會是最後一次佛伊柯斯被從被窩中拖出來，但這確實是第一次他被衛城雅典娜神廟的守衛叫起來。守衛跑這一趟，是因為雅典的守護女神——雅典娜．波利阿斯（Athena Polias；後半部的 Polias 源自代表城邦之意的 polis，因此全名的意思是「屬於這座城市的雅典娜」）——有一名女祭司突然病倒了，而佛伊柯斯聽了消息內心一驚，生怕事情沒有那麼單純。萬一女祭司死了，那可是了不得的大事，尤其今天這一位年僅十一歲。

十一歲的她是一名阿芮芙洛斯（Arrephoros），意思是「祕物的持有者」。按照不同的解讀，你可以說這種年紀落在七到十一歲的迷你女祭司有兩名到四名，其中有一對是現役的服侍組，像佛伊柯斯還沒見到的病人就是其中一位，然後還有另外一對是備役的受訓組，她們會在四年一任的現役者退下來之後，頂上阿芮芙洛斯的職責。

這些女孩出身雅典最尊貴的貴族家庭。一旦獲選去服侍雅典娜，她們就會離家去與女神同住。她們的新家位於衛城之上一個名為「厄瑞克忒翁」（Erechtheion）的雅典娜神廟。在遠古，當所有雅典人都住在「高城」——高城就是Acropolis（衛城）一字真正的意思——之時，厄瑞克忒翁曾是一個具有功能性的小住宅區，如今只剩雅典城的守衛與女祭司會在那裡過夜。兩代人之前，波斯人曾在占領雅典時摧毀了原有的建物，所以如今女祭司住的是為她們量身訂做的新居，裡頭連她們遊憩的園地都一應俱全。

阿芮芙里昂

這棟建物已於現代被開挖出來。女祭司住在一個規模不大的方廳裡，廳外有由四根柱子撐起的柱廊，至於柱廊的前方則是一處長方形的天井。由於該遺址的脆弱本質，加上其石灰岩地基極易遭到雨水的侵蝕，因此有關當局在二〇〇六年決定將阿芮芙里昂（Arrephorion）重新埋回將之保存了兩千年的土裡。

佛伊柯斯不確定把這麼小的女孩子跟爸媽分開，是不是個好主意。當然啦，貴族家庭的閨女滿十四歲，也照樣會嫁為人婦而自立門戶，但七歲也實在是小了點，不是嗎？他想到自己還在嬰兒床裡昏睡的三歲女兒，再想到萬一要跟七歲的她分開的那一幕，不禁打了個寒顫。

但沒辦法，雅典娜女神的要求凡人只能照辦。小女孩必須從七歲展開女祭司生涯，因為她們在執勤前需要接受兩年的訓練。每個女孩都必須在十一歲之前完成她們最後兩年的役期，免得有些早熟的女孩提前開始發育。女祭司若過早有了初經，雅典城的宗教曆法就無法順利推進，因為服侍雅典娜的阿芮芙洛斯不僅要是處女，還得同時不具生育能力，而這兩項條件的唯一交集就是尚未進入青春期的年幼女性。

而這也說明了訓練組存在的意義。萬一某個現役女祭司不再符合條件，訓練組的成員就可以遞補上來。只不過換上新手，宗教當局就得深吸一口氣，祈禱菜鳥就任不要出差錯。

醫師的小小團隊在道路上踽踽前進，右邊是衛城充滿迫力的投影，左邊則是亞略巴古

（Areopagus）丘陵。在他們所行之路與名為「泛雅典娜大道」的寬闊馬路交會處，另一組人已經在那候著。這第二組人身披斗篷，身處在火炬的光影下；那當中除了更多的神廟守衛，還有患病孩子的雙親。

佛伊柯斯心想，要不是這孩子以神聖的女祭司身分為家族爭光，她的雙親會來到現場嗎？每個阿芮芙洛斯都是由「國王的治安官」親手挑選出來（雅典的國王之位雖已懸缺數世紀，但皇家治安官在處理宗教事務、凶殺案件等市政功能上，影響力仍不容小覷）。一旦被治安官挑上，阿芮芙洛斯一職的候選人就會豁免於伯里克利的那條規定：「賢淑的女性應該隱姓埋名，不論是令人稱許的好事或應受譴責的壞事都不要被提起。」相對於此，雅典的公民大會會討論每個女孩的德行良窳，然後從中擇優選出兩名。家裡要是出了一個阿芮芙洛斯，那可是光宗耀祖的大事。

帕娜里斯塔，馬拉松之曼提亞斯的女兒；她的父親與母親席奧朵特，（墨里諾塔之）多斯西奧斯的女兒，還有她的諸兄弟，克里奧門內斯與（名不詳）獻上（這座雕像），重現她曾經為雅典娜·波利阿斯擔任阿芮芙洛斯時的模樣。

紀念某阿芮芙洛斯服務貢獻的雕像下方銘文
希臘銘文學術計畫（Inscriptiones Graecae）IG2 (2) 3488

但反過來說，要是在任的女祭司生了大病，那對雅典家庭來說還遠不如女兒一開始不要雀屏中選，因為那會被解讀成她被女神拒絕。而這也說明了何以做爸媽的會那麼緊張。只是貼近一看，佛伊柯斯馬上就為了自己的小人之心慚愧了起來，因為他看到的是臉上掛著兩條閃亮淚痕，在火光中擔心不已的母親，還有溫柔抱住妻子給予支持的女祭司父親。

「現在是什麼情況？」父親低聲但緊張地追問醫生。

「我還沒能看診。守衛告訴我她有些譫妄，但看不出有感染到什麼的徵象。她被發現的時候有些神智不清，稍後便不省人事。午後的病情發作得很急，她原本還在跟幾個同伴玩球，然後突然就出事了。她現在也由同伴照顧著。」

「是腦的熱病嗎？」

「不能排除這種可能。我們必須觀察病情發展的速度，看有沒有逼近到危急的程度。萬一到了那一步，我們已經有跑者在待命。我有一名賓客來自科斯島（Kos），名喚希波克拉底。要是病情

醫生對年輕病人進行腹部的觸診。

惡化下去，我會召喚他來會診。但首先，我得先做出自己的觀察與診斷。」

「只差四個月。」母親嗚咽地說，「四個月後她就能背著籃子，回到我身邊了。她曾經是那麼貼心的一個女孩。」佛伊柯斯默默記下了母親脫口而出的曾經二字。

這位母親所說的籃子，裡頭裝有名為阿瑞塔（arreta）的「神祕物品」。圍繞著阿芮芙洛斯的一個謎團，就是每個雅典人都絕口不提她們的神聖典禮，但其實每個人都知道這典禮在做些什麼。每隔四年，在伸手不見五指的黑夜裡，這些年輕的女祭司會身穿她們親手為這個場合所織的純白衣物，然後悄然前進到女神的聖壇。聖壇處會有兩個覆蓋住的籃子在等著，至於籃裡裝的是什麼，只有雅典娜女神知曉。

提起這些籃子，兩名女祭司會繼續前進。這條路徑她們已經練習無數遍，所以黑暗對她們構不成障礙。兩個籃子不輕，但女孩們會把籃底平衡在頭頂，就像雅典女性去取泉水時的方式一樣。沉默中她們朝著衛城的北坡走去，然後好似被大地吞噬一樣消失無蹤。事實上她們也確實等於是被地表吞沒了，因為她們會踏進一條地底的通道，然後小心翼翼地走下飽經磨損的石階。石階會磨損，是因為這條通道歷史悠久——悠久到沒人記得它存在了多久。事實上這條通道是依著一個天然洞穴修造而成，持續使用已經大約一千年。或許衛城的原始居民曾使用它來取水，因為洞裡有一個廢棄的水井就在出口的旁邊，而出口通往的是阿芙黛蒂聖殿的眾花園。傳說中，供水給廢棄水井的泉水乾涸，是在七百年前的一場地震後。

在通道的尾端，有另外兩個籃子在等著。女孩們會默默把負重從頭頂上取下。她們會把放下的籃子留在原地，然後把新的籃子放到頭上。接著她們會克服萬難，爬上黑暗的通道返回雅典娜・波利阿斯的聖壇，放下換回的兩個籃子，最後由成年的男性祭司為典禮收尾。這項重要的任務完成後，阿芮芙洛斯就算盡了職責，可以恢復尋常百姓的身分了。

阿芮芙洛斯的神聖儀式

關於這個儀式最詳實的說明，來自於保薩尼亞斯（Pausanias）的《希臘志》卷一第二十七章第三節（*Guide to Greece* 1.27.3）部分，包括阿芮芙洛斯的儀式跟其他的相關活動，都在《希臘志》的這個段落中有所描述。

正常人都會想問的一個問題是：這個儀式究竟達成了什麼目的？想了解這一點，我們必須先認識初代的阿芮芙洛斯，那是一對分別名為赫絲（Herse）與阿格勞洛絲（Aglauros）的姊妹。在神話時代的雅典初誕生之際，這兩名少女被雅典娜親手交託了一個神祕的籃子。她們得到的指示是絕對不能偷看裡面是什麼，只要照顧好這個籃子，讓它在雅典娜的神聖橄欖樹近處被好好保存著就是——那棵樹至今仍生長在雅典娜的聖壇旁。

但籃子裡究竟放著什麼東西，赫絲與阿格勞洛絲完全壓抑不了自己的好奇心。為了一探究竟，她們將籃子帶到地底的洞穴深處，希望藉此避開雅典娜的耳目，而兩人看到的那不知道什麼東西，將她們徹底逼瘋。她們衝上了台階，從衛城的高處一躍而亡。

一般認為籃子裡，裝的是襁褓中的埃里希多尼斯（Erichthonius），日後的傳奇性雅典國王。在諸神中的某人意欲強占雅典娜未果之後，她扔下了一張沾染有那採花賊精液的布巾，而神的精子是如此有生育力，以至於才碰觸到大地就孕育出一個孩子。或許是因為出身太奇特了，埃里希多尼斯花了點時間才化為不致引起驚慌的人形。在那之前把這孩子藏在籃子裡，自然是最好的決定。

對於說話不算話的赫絲與阿格勞洛絲，雅典娜十分惱火。話說神明都不太懂什麼叫做「冤有頭債有主」，雅典娜也不例外，於是她威脅要對整個雅典復仇，而這也就是阿芮芙洛斯傳統的起源。這些女祭司所代表的，是雅典人的女兒可以信守神聖的誓約，可以帶著神聖的籃子進進出出而不多看一眼。看到這樣的誠意，雅典娜於是暫且壓下了怒氣，並容許露珠降落在神聖的橄欖樹上。受到滋潤的橄欖樹在那之後盛開，雅典所在的阿提卡半島也因此豐收了橄欖。

橄欖是雅典式生活的核心。雅典人每一餐都少不了橄欖，而橄欖油則可以用來烹調、清理、洗滌、治病與照明。而既然確保雅典娜願意繼續給橄欖樹露水，是如此的關鍵，阿芮芙洛斯當然也就具備了重要的地位。事實上阿芮芙洛斯這個頭銜的直譯，就是「露水的持有者」。

> 雅典娜召喚了凱克洛普斯（Cecrops，赫絲與阿格勞洛絲的父親，半人半蛇）來見證她拿下了雅典城，並種下了那棵仍生長在潘德羅松（Pandrosion）的橄欖樹……土地被判決屬於雅典娜，因為第一個把橄欖賜給這裡的是她。
>
> **偽阿波羅多洛斯《書庫》卷三第十四章（Pseudo-Apollodorus *Bibliotheca* 3.14）**

當然，這些少女不會全部的時間都在演練她們最重要的那一夜，她們也得花時間去編織要在考克葉節（Chalkeia）上獻給雅典娜的聖袍，或是烘焙作為祭品的糕點。他任會接受跟尋常雅典女孩相同的教育，而空閒時她們會在衛城或阿哥拉廣場上跑來跑去（只不過在廣場上，她們會被面紗包得密不透風，身邊還跟著森嚴的警衛）。她們在出來透氣時購買的金飾，會被當成聖物。

在透過對女神的服侍而證明了自己之後，有些阿芮芙洛斯會繼續從事其他聖職。有些人會在雅典娜的節慶上飾演卡內芙洛斯（Kanephoros）一角，而這個角色所提著的籃子正是雅典娜賜福給她子民的象徵。整體而言，這些小小的女祭司是雅典人生活不可或缺的一環，因此一旦當中有誰莫名一病不起，對全城而言都是大禍臨頭的凶兆，不然守衛也不會大半夜把佛伊柯斯從床上拉起來。

「暫時不要打擾我們。」醫生站在狹小臥室的門口，下起了逐客令，主要是女孩的床邊推擠著心急如焚來關心的人，佛伊柯斯醫生根本沒法看診。

等閒雜人終於淨空，踏進房內的佛伊柯斯輕輕抱起昏迷的女孩，小心讓她坐正。連衣裙下的肌膚還有溫熱，女孩的臉蛋則稍顯潮紅，呼吸沉重卻平穩。突然間毫無警訊地，不省人事的女孩嘔吐了起來。佛伊柯斯見狀便馬上把病人翻身趴在他的膝蓋上，並幫女孩拍背來疏通呼吸道。接著他看了一眼自己被嘔吐物弄髒的上衣。「啊。」他說，然後做出他生涯中難得的快速診斷。

幾分鐘後，佛伊柯斯往聚集在房間外的那一小群人前一站，此時他除了手中那團濕掉的衣袍，基本上是一絲不掛，但他絲毫不覺尷尬，因為雅典男性在公共場所赤身露體，也不是什麼太稀罕的事情。他示意讓大家注意那團上衣說：「她已經脫離險境了，一兩天內就會完全復原。這段期間我讓她多喝水，好好躺著休息，有胃口的話就吃點粥。女孩已經滌清了自己，也度過了危機。」

母親在哭喊中鬆了口氣，然後怯生生問了一句：「滌清？她身上有邪靈嗎？」

佛伊柯斯停了幾秒，然後像是在說「不然呢」地點了個頭。「我會把這事去跟祭司們報告，我們接下來得共商大計。」嘴上這麼講，佛伊柯斯邊心想這些大計恐怕不是小女祭司們的好消息，因為她們將得忍受長達數日的淨化程序。

醫生對神廟守衛的指揮官點了點頭。「可以借一步說話嗎？」

兩人走進了厄瑞克忒翁神廟的門廊，站在了陰影之中，帕德嫩神廟大致在他們的左手邊，雅典娜的祭壇則在他們面前。「女孩生病的消息，最好不要傳出去。」佛伊柯斯壓低聲音說，「你得去吩咐一下你的弟兄。」

「當然。」指揮官回答，「需要我們搜查一下衛城四周，看妖巫是不是還在外頭潛伏嗎？」

「妖巫？」

「嗯，就是附身在女孩身上的妖巫啊。」

「那倒不用，」醫生說，「但我要你去查查她是怎麼拿到這個的。」語畢他挑著皮帶，拉起了一個小小的酒壺——士兵喜歡帶在身上的那種獸皮酒壺。

(03:00-04:00)

第4章　入夜後第十個小時

准將率船出航

一道線條流暢的形影切開了海霧，旁邊跟著第二道、第三道。然後頓了一拍，又是一組三個形體跟了上來，兩組之間大約隔有百步之遙。這些形影的本體，是三列槳座戰船，一個中隊共六艘的這些船在黑暗中幾乎隱形，劃開了法勒魯姆（Phalerum）灣向東而去。

這些負載沉重的船艦上有船帆，也有船槳，而這並不是例行性的巡航，而是要以色雷斯和薩索斯島（Thasos）金礦為目標的跨海遠征。

指揮這支戰船中隊的准將仔細瞇起了眼睛，望穿了破曉前的晨霧，專注地看著海浪打在岸上而碎成浪花的白色細線。他之所以這麼專心，是為了跟那黑暗的海灘保持好距離。在這危險的航程開端，他必須要一方面不離岸太近，一方面不過分深入薩隆灣（Saronic Gulf），免得他看不見佐斯特岬角（Zoster promontory）。他必須要提早望見岬角，才能知道何時該及時轉右舷來讓危險的法烏拉嶼（Phaura islet）與伴隨的暗礁出現在他的左前舷。戰艦鮮少在黎明前冒險出港，是有原因的，而這些原因中就包括在佐斯特岬角與法烏拉嶼之間，妝點著岩石的船殼碎片。

准將抓著在船頭兩側木梁上被露水浸濕的繩索，在一片漆黑中用力瞇著眼，無聲地咒罵著海霧。按照他的計算，日出是兩個半小時後的事情，由此至少也得再一小時又一刻鐘，日出前的曙光才能對他的航行有點幫助，屆時他們應該會正要彎過崎嶇嶙峋的蘇尼恩角（Cape Sounion），也就是矗立有雄偉的海神波塞冬神廟，並以天空為背景展現出其輪廓的地方。

准將回望起他船上的甲板，但甲板這個字眼或許有點誤導，因為除卻前後都有的作戰平台，三列槳座戰船大多是船底露天的狀態。從船上開放空間的一頭到另外一頭，存在一條幾乎跟准將前臂一般粗的纜繩，那是所謂的支撐索，而它此時正如平常一樣，默默地反映張力而發出低沉的嗡嗡聲。因為存在這條支撐索，船才能有船的樣子——它除了讓船首與船尾不會各自為政，也有助於把一片片船殼拉緊在一起。少了支撐索，戰船就會「弓背」也就是從船中間翹起，這是因為任何一艘船的浮力都很自然是中間比較大，前後比較單薄的部分比較小。

在支撐索的左右兩邊，槳手們正整齊劃一地為船艦靜靜提供動力。座位幾乎與水平平行的槳手是「泰爾米恩」（thalmian），他們手握的是包覆在皮革「袖套」中的船槳，而這種設計的目的是防止波浪把水從槳孔濺進船中。再來是「賽吉恩」（zygian）槳手。你可以想像賽吉恩槳手坐在泰爾米恩的大腿上，然後有人把坐姿不變的前者提起來並往前三英尺。這麼一來，你就可以理解下層兩排槳手的相對位置，也可以了解為什麼愛吃豆子會是賽吉恩槳手的社交殺手了。最上層的槳手是「瑟拉奈特」（thranite），他們坐在另外兩排槳手的上方與中間。

淺層遺跡顯示著何以瑟拉奈特是槳手中的「人上人」。

各層槳手的船槳都在重量與長度上有些許不同，主要是透過這些設計，三層共計一百七十名槳手才能在同一時間把船槳插入水中。在三層槳手的通力合作下，全長三十五米的三列槳座戰船可以在水面上達到將近每小時十五公里的極速，或是以極速的一半巡航一整天。雖然泰爾米恩（這名稱的意思是「貨艙」，因為他們所在位置就是船艙堆貨處）可能很羨慕賽吉恩（賽吉恩就是他們坐在上面，那些用來支撐船體的梁木），但由於操作不同船槳牽涉到不同的技巧，因此槳手不能隨便換位子。下兩層的槳手都很羨慕瑟拉奈特，也就是「甲板」槳手，因為瑟拉奈特除了可以在甲板上享受海風，而且比下兩層的同事都要靠外面一點，所以其實他們位置高雖高，船槳卻長不了多少，也重不了多少。

要讓一條三列槳座戰船動起來，並不便宜，主要是槳手是很專業的行業，而且是體力活，所以他們都對高薪有一定的期待。想要用奴隸來便宜行事，是不可能的，因為使用奴隸有容易叫不動跟遲鈍的問題，進而導致幾種致命的可能性，這包括船槳被破壞、划槳的節奏無法同步，或是在任務成敗的關鍵時刻，令人扼腕地打混摸魚。

其實就算是每個人都非常努力，要保持好划槳的節奏也很難，想加減速更是難上加難。三列槳座戰船上都配有一名哨笛手，為的就是當槳手的指揮，但因為有船槳撞擊槳扣的聲音跟波浪拍打船側的聲音干擾，加上有哨聲穿越整個甲板的續航力問題，所以哨笛也不是一定能讓每個人都聽清楚。很多時候，槳手們會用大合唱來固定節奏。

把槳入水來啊，悅耳的歌謠唱起來……

噗咧呱呱呱，咕—啊，咕—啊

噗咧呱呱呱，咕—啊，咕—啊！

我長水泡的雙手，實在有夠瘦

我壓好久的屁股，快要燒起來
準備把槳抬起來啊，唱歌就要嗓門開……
噗咧呱呱呱，咕—啊，咕—啊

阿里斯托芬《青蛙》(*The Frogs*) 第二二五行起多處

三列槳座戰船代表著雅典科技的巔峰，而雅典又是當時世界文明的巔峰，所以這些戰船自然也是當時全球最先進的海權硬體。當然這樣的武器並不便宜。准將覺得最適合說明三列槳座戰船身價的單位是塔蘭同（talent，重量單位或等重的白銀價值），而一塔蘭同等於六千阿提克德拉克瑪（Attic drachma）。這個錢，可以在家養一名老練工匠含其家眷十六年。

一艘船身是馬其頓進口廉價木頭的陽春三列槳座戰船，要價是一塔蘭同。要是把船帆、船槳、繩索與船首的凶猛撞角等不可或缺的設備通通裝上，那費用又得多加一塔蘭同。最後，要帶著完整的組員把船開出去，維持費也差不多是一塔蘭同，我是說一個月。雅典城邦會負責支付基本工資給槳手，但不少三列槳座戰船的艦長都會自掏腰包給傑出的組員打賞。

打造三列槳座戰船（品質良好的船隻可以用個二十五年），往往是雅典富豪公民的職責。通常城邦的議會會「良心建議」被挑中的百萬富翁可以贊助一條新的戰船來加入雅典已經下水的兩百二十艘，藉此來爭取有投票權的公民認同。

作為回報，新船的贊助者有權利為其命名，而且建成之後還可以擔任當然的艦長。像這艘三列槳座戰船就是菲爾希帕（Philhippa）號，意思是「馬夫人」，畢竟贊助這艘船的是一名富有的馬場主人。只不過這名馬場主人年老體衰，所以艦長一職就讓給了他愚不可及的蠢兒子。事實上准將之所以選擇從菲爾希帕號上指揮這支小小的艦隊，為的就是怕這艦長會幹出什麼蠢事。

一般而言，雅典的成功人士都不排斥出錢造船。在雅典的菁英階層中，眾人對名望的競逐是很激烈的，但能脫穎而出的管道卻又不多。由此富豪們不僅會把戰船弄成「大全配」，而且還會將之打造成水上的廣告，藉此來宣傳自身的權柄與優越。一如准將的親叔叔，本身是海軍上將的修昔底德（Thucydides）所說：「沒有誰不會砸大錢在自己的戰艦上，在戰艦的徽章與索具上，每個人都希望自己的船比別人美、比別人快。」[1]

三列槳座戰船是雅典帝國的黏著劑。無人不曉的帕拉魯斯（Paralus）與薩拉米尼雅（Salaminia）

1 作者註：修昔底德《伯羅奔尼撒戰爭史》卷六第三十一章。

因為它們的速度而聲名大噪。除了參與宗教慶典外，這兩艘飛毛腿會經常四處移動，要麼傳遞訊息，要麼載著外交使節巡迴愛琴海上的一座座島城（只不過真打起仗來，神聖的這兩艘船也沒有特殊待遇，還是得跟其他戰艦一起在戰鬥序列上排排站）。

雅典戰船名號舉例（雅典戰船通常被冠以女性的名字）

萊卡妮雅（Lycania）：母狼
奧拉（Aura）：微風
安菲特里忒（Amphitrite）：海神波塞冬的妻子
梅伊塔（Meitta）：蜜蜂
阿基蕾亞（Achilleia）：戰士阿基里斯的陰性叫法
薩拉米妮亞（Salami nia）：亦稱薩馬米妮恩（Samaminian）：薩拉米斯是著名雅典海軍大捷的地點
伊琉瑟里亞（Elutheria）：自由

妮賽索（Niceso）：我將得勝。

海軍館藏銘文（Tabulae Curatorum Navalium）
希臘銘文學術計畫（IG2 1614–1628）多處

雅典艦隊的其他船艦會載著部隊到遙遠的據點去警戒泊於泰爾（Tyre）與黎凡特地區其他基地的波斯戰船。遇到雅典的盟邦（其實就是藩屬）有所不滿，外交官會乘船艦過去解釋為什麼雅典又要他們貢獻（其實就是朝貢）。在這樣的說明（威脅）過程中，三列槳座戰艦會梭巡於盟邦的近岸來作為政治上的表態，意思是進貢固然痛苦，但不進貢你會更痛苦。

這支海軍中隊目前要前往停靠的薩索斯島，就是個很好的例子。薩索斯島位在馬其頓以東的色雷斯沿岸，是一座繁榮的島嶼，盛產木材並蘊藏著豐富金礦。在波斯戰爭後，薩索斯受邀成為以雅典為首，反波斯聯盟的一員。懼於波斯的威脅，薩索斯人開心地接受了邀約，但他們沒想到的是雅典會逕自把薩索斯人位於鄰近大陸上的市場與礦藏，都當成是雅典的囊中物。

也在這個時候，薩索斯人才發現反波斯聯盟（也就是雅典帝國）進去容易退出難。當他們一咬牙硬是退出後，雅典人就來了。在被雅典人圍困了兩年後，薩索斯人的城牆被拆毀，海軍被充公，每年還被加徵了三十塔蘭同的白銀稅款。薩索斯只好乖乖回到了反波斯的陣營，而且比起其他不肯被摸頭的聯盟成員，薩索斯人覺得自己已經算是逃過一劫了。

准將會在薩索斯島的港口卸貨，那是要給雅典要塞中一小支駐軍的補給品，而雅典駐軍的目的自然是確保薩索斯島對聯盟的忠心。艦隊會在港口四周巡視一番，好提醒島民雅典老大哥在盯著他們看，然後船艦就會繼續駛向色雷斯沿岸。呂基亞海盜的三桅帆船一直在拿貨船開刀。為此艦隊除了會向在地漁民打探消息，還會派兵檢查沿岸每一處可疑的海灣，希望能找到海盜的藏身處。

由於有要短兵相接的預期，所以准將沒帶上大型船帆，而是將之留在了雅典（海戰時的三列槳座戰船不會升起船帆，因為那只會把槳手的速度拖慢）。此外准將即便在順風時，也很少使用小型的船帆，因為靠槳的力量行船既能鍛鍊槳手，也能讓旅程走得更快。午晚餐時間一到，他會……讓中隊裡的各條船……比賽誰先靠岸。勝利者的大獎是可以優先取水跟用餐……

如果天氣許可加上有能配合的微風，他會在晚餐之後即刻出航，並藉此讓槳手輪班休息。白天他會以訊號讓艦隊呈戰鬥縱隊或直線航行，如此即便他們進入了敵人的海域，全艦隊也能嫻熟於作戰的隊形變化。

雅典海軍上將伊菲克拉特斯（Iphicrates）如何訓練其艦隊
色諾芬《希臘史》卷六第二章第二十六節起。（Xenophon *Hellenica* 6.2.26 ff）

三列槳座戰船非常適合這項工作，因為它既輕但又結實。即便是滿載，三列槳座戰船也只需要四腕尺多一點的水深就可以浮起來（一腕尺的長度等於中等身材男性從中指到手肘的距離，亦稱肘尺），而這就意謂三列槳座戰船可以勇闖極淺的港灣，且就算擱淺在沙洲上，頂多全員下船就可以脫困。萬一全員下來船還是沒浮起來，那全體船員也不難將船抬到較深的水域。

全木頭打造的三列槳座戰船還有另外一項優勢，那就是它擁有「正浮力」的性質，意思是三列槳座戰船不需要排開超過船重的水量才能保持浮著的狀態。由此即便萬一敵艦用撞角在三列槳座戰船的船底開了一個大洞，它也不會沉沒，頂多是船身進水而無法航行而已。[2]

准將對於此行一段他不曾向雅典高層提及的行程，心中是有點保留的。那其實也不是什麼犯法

2 作者註：這一點說明了何以不會有三列槳座戰船的沉船供未來的考古學家研究。

的事情，但比起事前去申請許可，他寧可先斬後奏，然後或許事後（萬一被發現）去道個歉。堆放在船尾作戰平台下有一票用油布裹住的小包裝盒，那是他替叔叔修昔底德進行的訪問報告。

修昔底德在近期一場戰爭裡是於色雷斯沿岸執勤的一支艦隊准將。很可惜的是，修昔底德生性過於謹慎且對打起戰爭極其按部就班，以至於他的援兵晚了一步，沒能當機立斷地避免一座城市陷落入斯巴達人之手。而雅典議會對他的狀況完全不體諒，一道命令下來便將他流放。

自那之後，修昔底德就一直以他在色雷斯的家族莊園為家，但他倒是沒有因此被孤立起來，因為有頭有臉的雅典人但凡來到附近，都會順路來看望他。大家都知道被迫閒下來的修昔底德提起筆，把雅典近期與斯巴達的戰爭寫成了確切的史料。雅典幾乎只要是二十五歲以上的男子，都為此上了戰場，而當中許多老兵都跑來找過修昔底德，確認一下這位史家需不需要他們親自詳述自己在為國效力時的各種（英雄）事蹟。

說起身為史家的修昔底德若有細節需要釐清，他不只會問雅典人跟色雷斯人，也會去問與希臘為敵的底比斯人、斯巴達人與科林斯人。如此平衡報導的用意在於得出一個公正而客觀的戰爭紀錄，但這觀點並不特別合乎雅典官方的心意，因為他們更希望把事情形塑成斯巴達是惡霸，而雅典是在英勇抗暴的感覺。而這也說明了何以准將不太想讓人知道他船上載著自己父親的供述。原來在八年前，他父親曾見證過底比斯人在戰鬥與德里昂（Delium）被圍的過程中，痛擊了雅典人。那是一段雅典人希望被世人忘卻的黑歷史。

修昔底德

比希羅多德（Herodotus）晚生一代的修昔底德採取了迥異於史家前輩的策略。相對於希羅多德鍾愛軼事與傳聞，修昔底德的觀念是歷史就應該是經過檢視的事實，且應該在轉述時力求公正不阿。這種觀念讓修昔底德的史學成就之高，產生了一個結果，那就是在現代的某些史家心目中，希羅多德就是一筆普通的「史料來源」，但修昔底德則會被他們當成是剛剛去辦公室外頭透口氣，活生生的同事。

我們對修昔底德的所知，都來自於他的自介，只是他對自己的生平著墨不多：他出身貴族家庭，在西元前四三〇年染上讓雅典人死傷慘重的瘟疫但幸運存活；他指揮過艦隊與斯巴達作戰，但因為表現不力而遭到流放（《修昔底德》4.104 起數頁）。西元前四一六年處於休戰期間，但當與斯巴達的戰事再起時，修昔底德將會以中立的姿態向對戰雙方蒐集資料。他在戰後回到雅典，沒多久就突於西元前四〇四年前後撒手人寰，並留下了《伯羅奔尼撒戰爭史》中許多重要的篇章未能寫完。

准將還知道修昔底德會逼著他提供船隻與將士備戰敘拉古遠征的細節，對此他會一概用「機密無可奉告」糊弄過去，也不管叔叔會活像一隻被激怒的老鷹，用虎狼一般的視線死盯著他。准將嘆了口氣，他知道自己最後一定會說出一大堆自己不應該說，但又還是被修昔底德嫌少的事情。他在想，要是自己只需要擔心潮汐、洋流，跟天殺的佐斯特岬角，那該有多好。

(04:00-05:00)

第5章　入夜後第十一個小時

礦坑的奴工開始工作

隨著准將帶中隊在海上彎過蘇尼恩角，讓希臘有錢去造戰船的礦工也在陸上不遠處的勞里昂（Laurion）準備上工了。戴莫科斯在從窄床上滾下來時，呻吟了一聲。他知道自己肯定有哪裡不對勁——自從監工兩天前在他肋骨下面狠狠踢了一腳後，他就沒再舒服過了。戴莫科斯知道抱怨也沒用，但他血尿真的滿嚴重的。老實說，戴莫科斯有點想一死了之。

他已經當了十年奴隸，其中六年待在礦坑裡，由此他已經不抱任何活著離開這裡的希冀。十二年前的他曾住在有一妻三女的豪宅裡，生意做得風生水起，甚至他還養了自己的奴隸。現在偶爾想起他當年不假思索，對奴隸做出的殘酷行徑，自己都會忍不住倒抽一口冷氣。戴莫科斯那時住在米蒂利尼（Mytilene），也就是萊斯沃斯（Lesbos）島的首府。

米蒂利尼在反波斯聯盟裡，是屬於中流砥柱的一個城邦，也是少數幾個看穿雅典人謊言，知道他們想讓反波斯聯盟變質成雅典帝國的城邦。剛一開始，所有人都歡迎雅典的領導，畢竟雅典人曾鬥志昂揚在馬拉松擊退了波斯大軍。若干年後又在雅典城被波斯人肆虐過後一馬當先，於決定性的薩拉米斯海戰中擊潰了波斯艦隊。

小型城邦要參與對波斯的戰鬥有一個問題，那就是他們只有一套人力。這套人力一旦拿去當作戰艦的組員，或是構成重裝步兵的戰線，那他們就沒有人在老家耕田或捕魚了。對小城邦而言，雅典提出了一個很賊的邀約：「你們可以把男丁留在田裡耕作，因為我們雅典人有足夠的兵力跟船艦去戰鬥。你們只需要每年付錢，就不用出人或出船了。換句話說你們只要拿錢出來，我就當你們盡了聯盟成員的義務。」

這看似是個合理的提案，多數城邦也都照辦而拿出了錢來，但這不包括米蒂利尼。米蒂利尼曾在波斯戰爭中吃足了苦頭，所以他們說什麼也不願意放棄自己的船隻與重裝步兵。就這樣，米蒂利尼的居民眼睜睜看著雅典人用內陸城邦出錢換得的船隻與兵力去稱霸於同一批城邦之間。雖然雅典人已經鮮少在近十年間與波斯人交鋒，但反波斯聯盟的會費還是年年上漲，然後被雅典人拿去蓋像帕德嫩神殿這樣的地標。

後來當雅典與斯巴達打起仗來，米蒂利尼就趁機脫離了反波斯聯盟。讓戴莫科斯後悔不已的，是他也是相信斯巴達不會食言的其中一個市議員，他本來以為斯巴達說會第一時間跟他們站在一邊，是認真的，於是他對單方面退出聯盟的決定投下了贊成票，然後等起了說好的斯巴達援軍。

當然他等到的不是斯巴達人，而是雅典人。雅典大軍用他們在戰場上最惡名昭彰的那股蠻勁，將米蒂利尼城圍了個水洩不通。斯巴達人自始至終都沒有出現，原來經過一番深思熟慮，他們還是不想鋌而走險只為了支持米蒂利尼，他們決定讓米蒂利尼自生自滅。由此除了雅典人以外，戴莫科斯的第二大仇人就是斯巴達人。

雅典人原本打算一拿下米蒂利尼就將男女老幼都殺個雞犬不留，在稍加思索後他們決定只拿「叛亂組織的頭頭」開刀來殺雞儆猴，次要的領袖如戴莫科斯則淪為階下囚。被押解到雅典後，戴莫科斯被送到了一處蘋果園為奴。他努力工作，為的是在主人眼前出頭，然後或許主人會拔擢他管理家務，甚至最後會賜予他自由。但人算不如天算，他被主人租給了礦坑。

讓米蒂利尼人受到他們應得的報應，畢竟那也是不得已的。不這麼做，你不是在幫他們的忙，而是在審判自己。如果他們反叛你是對的，那就代表你統治他們是錯的。但不論對與錯，如果你希望雅典帝國長存，你就要表現得有雅典帝國之尊。所以你要嚴懲米蒂利尼人。做你必須做的事，不然就放棄你的帝國，去做慈善事業吧……狠狠地讓其他盟邦看看叛亂的代價就是死，算是以正視聽。只要他們懂了這個道理，你日後就可專心打敵人，不用回神來打朋友了。

修昔底德《伯羅奔尼撒戰爭史》卷三第三十七章

把奴隸租出去，是一門有著暴利的生意。戴莫科斯的訂價是——至少曾經是——兩百德拉克瑪（奴隸都清楚自身的標價）。把戴莫科斯租出去，主人可以一星期收租一德拉克瑪。商人出身的戴莫科斯知道身為一筆投資，他這些年已經替主人賺到三成多的報酬率。萬一他死了——他身體側邊的腫脹僵硬顯示他命不久矣——那礦場主人還得為了手下監工不周而賠償奴隸主人一筆。

勞里昂的土地屬於國有，但地景上數十處星羅棋布的個別銀礦則屬於民間個人或私人企業。他們會以兩年、三年或七年不等的租約，交租給雅典國庫來換取挖掘銀礦的權利。小一點的銀礦可以只有兩個人在作業，規模大一點的則能看到數十名奴隸在操勞。

（雅典）這十個部族會各選出一名主賣官（監契官），由這些主賣官來負責出讓公共契約，並租賣礦藏及賦稅……他們會負責批准礦藏（經營權）的轉讓、營運期間以三年為期，還有特許使用權的販售。

亞里斯多德《雅典政制》第四十七章第二段（*Athenian Constitution* 47.2）

戴莫科斯屬於一個十人的小組。他與他的礦工同事會步履蹣跚地行至臭氣沖天的岩層底部（礦工不能休息去上廁所，只能就地解決）。主礦井會分岔成個別的坑道，然後奴隸會兩人一組分頭去挖。每個兩人小組中的其中一人會在一個小時內負責用鎬在堅硬的岩石上砍劈，另一個人則用手扒挖，把砍劈下來的岩石碎屑集中到袋子裡。他們會每隔一小時稍事休息並換手，然後就這樣度過工時長達十五小時的一天。

裝滿了的袋子，會被礦工搬到中央坑道的推車上，而推車邊上會站著看兩人有沒有在偷懶的監工。要是看著不滿意，監工就會直搗坑道的分支，給奴隸一陣「鼓勵」。監工還會負責計時，看推車到達礦石處理機要多久。戴莫科斯會挨頓打，就是因為他耽誤了這一段工作。

礦石處理機屬於一干礦坑主人的共有財產。婦孺會坐著用鐵鎚把礦石敲碎成小石頭，然後小石頭被倒入流水水量經過仔細拿捏過的渠道，較輕的碎石會被水流沖走，而方鉛礦與含銀的岩石則會因自身較重的金屬成分而沉底。這些岩石會被收集起來進行冶煉。勞里昂只有三座大型的冶煉廠，都沒日沒夜地全天候運轉。雅典餵養其野心中的帝國大業，靠的就是這條源源不絕的銀流。

蘇尼恩的圖提米德斯已經在薩里諾斯的尤布魯斯石碑上登記了運作中且（名為）

> 「在內普的阿爾特梅西斯孔」，位於（某某人）地產上的礦坑。礦坑四界分別為：北起（某某人）名下的阿爾特米西亞孔礦坑，南達內普與埃皮克雷提斯工坊之間的溝渠，東抵特勒桑的房舍與地面，西至由法尼亞斯之子蘇尼恩的圖提米德斯出租的工坊。
>
> 租金：一百五十德拉克瑪
>
> **勞里昂的礦坑租約**

終於來到礦石處理機，戴莫科斯認出了一名來自米洛斯（Melos）島的女性多利安人（Dorian）。在他身為商人的前半輩子裡，他曾經為了替某埃及客戶安排一批黑曜石的出貨而造訪過米洛斯島幾回。那名女子是當時一名黑曜石商人的妻室，如今的她也成了奴隸。

她告訴戴莫科斯，雅典人帶著戰艦與重裝步兵來到米洛斯島，要求米洛斯島加入聯盟，並且立刻上繳一筆大額進貢。同為希臘人的米洛斯人問他們有什麼權利做這種要求，雅典人不屑地回答：

> 我們就不假惺惺地說說冠冕堂皇的大道理了——不論是解釋何以推翻波斯人讓我們有權建立屬於自己的帝國。或是宣稱我們跑來打你們是因為你們先背叛了我們。我們不會長篇大論地

說些沒人相信的話，但作為禮尚往來，我們也希望你們不要天真地以為自己可以改變我們的心意……只靠一句我們沒有對不起雅典人。

你我都心知肚明世界是如何在運轉的。正義只有在雙方勢均力敵時才會是個問題。否則強者為所欲為是理所當然，弱者咬牙吞忍則是勢所必然。[1]

面對這種傲慢，米洛斯人的回應是標準的不自由毋寧死。他們以自由之身戰到最後，還是只能無奈地敗北。國一亡，雅典人恣意屠殺起倖存的男人，婦孺則被帶到勞里昂的奴隸坑中。帝國主義的殘忍，莫此為甚，而這也讓戴莫科斯重新納悶起他的妻子跟女兒們，現在不知流落到了何方。

戴莫科斯似乎與米洛斯女子聊得久了些，以至於當他緩緩把推車推回去重新裝填時，監工氣炸了。但對監工的質問，止不住思念家人的戴莫科斯敷衍而不屑地應了一聲，結果換來一頓毒打。

這或許讓戴莫科斯丟了性命，但監工也因此沒了工作。監工的職責所在是讓奴隸發揮最大的生產力。除卻礦坑的租約成本，奴隸就是礦場最大的一項資本支出了。任意毀壞礦場設備的監工——戴莫科斯就是一種礦場設備——被解雇也沒話說。

1 作者註：修昔底德《伯羅奔尼撒戰爭史》卷五第八十九章。

經商出身的戴莫科斯曾經常經手雅典的錢幣。事實上他常堅持貨款要以「貓頭鷹」來支付，而那指的正是聞名於東地中海各地的雅典硬幣。上頭印著雅典娜之貓頭鷹的雅典硬幣最出名的，就是其純銀的質地與品質的優異，而其中最常見的一種雅典硬幣為「四德拉克瑪」，顧名思義其面值相當於四個德拉克瑪，而這也正好大約相當戴莫科斯一個月能替礦坑老闆賺到的錢。

為了做生意而雲遊四海的人會說他們在很多地方看得到人用雅典貨幣，包括遠至印度平原與阿拉伯的港埠。曾經當戴莫科斯看著這些錢在自己手中進進出出，他就不禁會讓腦海中的遐想帶著他去到那些遙遠而充滿異國風情的銀幣終點，但如今想到雅典銀幣，他只會想到這些銀幣的起點——潮濕的坑道深處，還有坑道中那些裸身的礦工是如何手拿十字鎬在單盞油燈的昏暗光線下操勞，又是如何靠著耐心，一點一滴蠶食著那堅定不移的岩壁，而光陰就這樣日復一日、年復一年地，朝著看不到終點的盡頭而去。

戴莫科斯對奴隸同事的了解並沒有想像中的多。雖然他們算得上是朝夕相處，但監工會毫不手軟地對工作時聊天施以重罰。到了晚上，所有人都會在慘烈的長班之後拖著疲憊的身軀，步履蹣跚地返回小床。這時候與其談天說地，所有人都寧可睡覺來儲備體力，因為明天醒來又是相同的地獄。

不過有五個人，是戴莫科斯無論如何也搞不懂的——三個是色雷斯人，這一點可以從他們胸前與頸部的旋轉刺青看出；另外兩個則出身斯巴達城所在的拉克戴蒙（Lacedaemon）地區，而這也

雅典產銀的品質舉世聞名。

代表他們是雅典人在突襲伯羅奔尼撒時從斯巴達抓來的奴隸。這五個人常聚在一起用他們沒人聽得懂的方言母語，咕噥著聊天。另外有個維歐提亞（Boeotia）的奴隸則原本在牧羊。三個最近才被買來，又瘦又高的十來歲奴隸，是土生土長的雅典人，且多半是農奴的下一代。商人時期的戴莫科斯常目睹奴工恬不知恥地像禽獸一般，在田野中發情。

戴莫科斯今天的搭檔是維歐提亞人。這名前牧羊人知道戴莫科斯身上有傷，所以便默不作聲地示意讓戴莫科斯負責袋子，自己拿起了十字鎬。聽著鎬尖撞擊岩壁發出的鏗鏘聲迴盪在耳際，戴莫科斯只是一邊把碎石收集起來，一邊讓思緒遊蕩到九霄雲外。

勞里昂，一個被詛咒之地，因為這裡正是種子發芽，長出了雅典怪獸的地方。一世紀前，雅典只不過是眾多中型希臘城市中的一個，地位甚至還低於底比斯、科林斯或阿哥斯（Argos），更不可能與雄霸伯羅奔尼撒半島的斯巴達相提並論。

銀礦一直都在，但那並不足為奇。人類在勞里昂已經開採了幾千年的礦銀。殊不知，就在波斯戰爭的前夕，一道含銀量豐厚許多，幾乎算是純銀的新礦脈被發掘了出來。當時的雅典之主提米斯托克利（Themistocles）作為一名城府甚深的王者，提議別由公民分了這筆橫財，而應該以雅典舉國的名義將錢拿去投資，而其中最大的一筆投資就是他們造了兩百艘三列槳座戰船。而要透過突襲來回收這筆投資並實踐雅典的野心，他們的目標分別是由波斯控制的小亞細亞（安納托利亞）邊岸，還有盛產木材的馬其頓沿海。

事實證明，三列槳座戰船是捍衛雅典不受波斯侵略與征服的關鍵。而在其海上力量擊退波斯人後，雅典也一舉躍居希臘的共主地位。雅典的平步青雲，讓在一旁冷眼的斯巴達人滿懷嫉妒與猜疑，因為斯巴達人覺得自己才是希臘諸邦的第一把交椅。最終是斯巴達對雅典新勢力的憂懼，點燃了不久前的戰役。

但斯巴達並沒有能夠壓制雅典人。即便是在斯巴達人摧枯拉朽，橫掃阿提卡的平野之際，勞里昂也仍源源不絕地產銀，而由這些白銀請來的槳手則操作著三列槳座戰船去保護自克里米亞駛來的糧船，或是載著雅典的牲畜航向鄰近尤比亞（Euboea）島避難的貨船。只要雅典的城牆和艦隊還在，斯巴達人就傷不了雅典的筋骨，而勞里昂的銀礦正是雅典艦隊的金脈。到如今，雅典人已經開始向外擴張霸權，把像米洛斯這等無力招架的小島打得落花流水。這何時才會有終結的一天？

戴莫科斯將袋子扛到肩上，腰傷的刺痛讓他驚呼了一聲。以某種具體而微的方式，他象徵了雅典帝國子民所面對的問題。要不是靠勞里昂的銀礦，雅典絕無征服米蒂利尼的一日。而如今米蒂利尼出身的戴莫科斯卻很諷刺地在開採著讓雅典有錢去壓迫他同胞的銀礦，一如愛琴海的各城邦百姓也進貢著讓雅典能用軍事力量去確保各城邦不敢停止進貢的資源。

戴莫科斯對升起於衛城上的建築奇蹟所知甚少，也不把以空前速度推動人類文明前進的雕刻、哲學與數學發展放在心上。隨著他一步步艱辛地走入陰暗的坑洞，被袋中沉重的礦石壓得痀僂，他只知道那些建築與文明背後，是雅典如何得到的金錢在淌流。

(05:00-06:00)

第6章　入夜後第十二個小時

克里奧馮拿起一枝炭筆，仔細地把草圖的輪廓描繪到陶瓶的表面上。再來他拿用單單一根馬尾巴毛做成的「畫筆」去沾泥漿，信手以流動的筆觸畫上圖畫。

瓶身畫家展開新案子

他自稱是「第三代」波利格諾托斯（Polygnotus）。在雅典只要你手上揮動著畫筆，又想冠上這個名號，你最好確定自己有過人的本領，因為這可是個一說出口，空氣都會為之迴盪的名號。第一代波利格諾托斯出身薩索斯島，但他不畫花瓶，那多半是因為他覺得花瓶是等而下之的東西而不屑為之。但話說回來，第一代波利格諾托斯的壁畫，可稱得上一絕。

沿著泛希臘大道朝帕德嫩神廟的方向，進入夾在皇家柱廊與荷米斯柱廊之間的阿哥拉廣場，你會看到彩繪柱廊在你的面前稍稍偏左的地方。所謂柱廊，是一條具有一定長度而以柱子撐起屋頂的廊道，由此作為場地，柱廊可供公共事務的進行不受天候欠佳的影響。雅典的這些柱廊都經過妝點，而彩繪柱廊顧名思義，更是其中最有看頭的一個。彩繪柱廊聞名於整個希臘世界，靠的是各種敘事的畫作，而那些畫作又出於雅典的麥孔（Micon）與薩索斯島的波利格諾托斯這對名搭檔之手。

第一代波利格諾托斯所貢獻的，是一幅描繪特洛伊城陷落的作品，另外他也協助帕納厄斯（Panaeus）繪製了馬拉松戰役的光景。這位帕納厄斯有個近親不是別人，正是那位一手在帕德嫩造出雅典娜神像，也在奧林匹亞造出宙斯神像的菲迪亞斯。事實上，奧林匹亞的宙斯像需要繪畫的部分，也大致上是帕納厄斯完成。波利格諾托斯作畫並不收錢，主要是他本身已十分富裕，不需要那點佣金來維持生計。相對於此，他作畫是為了實踐他傲人的才華，也是為了回饋收養他的城市。

第二代的波利格諾托斯專攻各種大瓶子：雙耳瓶、用來拖運水的「海德里亞」陶罐，還有用來在宴席上調和酒的闊口陶碗——克雷特（krater）瓶。比起這些，中小型的容器主要作為飲用、或配製要祭奠神明的神聖酒水之用。

二代波利格諾托斯是個大忙人，因為陶器在雅典人的生活中無所不在。有錢人的富人會不惜巨資用昂貴的金屬碗，但廣大的中產階級與庶民都得用陶。陶器滲透了雅典平民的各個層面，從放在男室裡專門用來讓賓客眼睛為之一亮的華美陶甕，到凹凸不平的烹調用陶，還有床底那（偶爾會典雅到讓人瞪大眼睛）的夜壺。事實上，「第三代波利格諾托斯」曾看過一個飲水用的陶杯上繪有一名女子在使用夜壺。雅典陶器的表面作為繪師揮灑的畫布，其主題之多元可說是天馬行空。

就有點像阿提克的銀礦，雅典的陶器也因為其高品質而在整個地中海世界獲得追捧——但這說的不是陶器本身的品質，而是陶器上頭的畫作品質。

每年有成千上萬的瓶子從希臘出發，目的地西起西班牙的伊比利亞，冬至遙遠的印度。

為了不要把自己累死，第二代波利格諾托斯不會老親筆繪製花瓶，而會把省下來的時間拿去巡視他的工作坊，邊巡邊在十二名他培訓中的年輕畫師之間反手賞幾個耳光或隨口給個誇獎。這當中他的得意門生，是一個叫克里奧馮的年輕人。後來，克里奧馮自立門戶，在恩師名下「工廠」的不遠處開起自己的工作室（那一帶有太多陶匠與畫師群集，因此稱作「陶匠區」）。自從恩師四年前與世長辭後，克里奧馮就很喜歡自封是「第三代波利格諾托斯」。

今天，克里奧馮來得挺早，因為他有漫長的一天要忙。跟他已故的師父一樣，克里奧馮也以大型的瓶子為主要工作對象，像他今天要畫的就是克雷特碗的一種飾品變化型「卷渦」（volute）。會叫做卷渦瓶，是因為瓶子上方有一對蜷曲的精緻握把，造型神似建築石柱頂端的卷渦。把這瓶子託付給他的客人是悲劇作家尤里比底斯（Euripides），他想要個花瓶來慶祝自己的新劇作《海克力斯》（*Herakles*）問世。當克里奧馮建議畫點跟海克力斯神話有關的題材時，這位年長的劇作家回絕了。為了劇本而跟這名肌肉過度發達的英雄相處了一整年後，尤里比底斯想要來點變化。

弄到最後，這對畫師—客戶組合所達成的共識是以向阿波羅致敬的遊行來作畫。這名劇場與藝術之神會端坐在列柱中庭（由三面柱廊圍起的空間），中庭裡有兩尊那種會被頒授給狄奧尼西亞節獲勝劇作家的銅製三足鼎。整體的畫作相當複雜，所以克里奧馮得及早開始動工。

很顯然他不會直接去繪製遊行中的個人，而是會去畫那些人周邊的空間。就跟所有與他同時期的花瓶畫家一樣，克里奧馮為畫中人物選用的是紅色的色調，而這就代表他得在瓶身上塗上一種深色而有光澤的「化妝土」。這種特殊陶土是一種高度精製過的泥漿，用來塗在瓶身的一般陶土上，然後在烤爐的高溫中變成黑色。

實際上的製程要複雜得多。若放著不管，則化妝土的烤製結果會與一般陶土幾無差異，由此為了得到想要的深黑色，烤爐不能一開始就封住，而要先打開讓陶土被烤成紅色。這些陶土能被烤成紅色，是因為雅典用的其實是被暴雨沖刷到下游，次等的陶土。這些次等陶土會在沖刷過程中參雜進鐵粒子，是因為水流經過了鐵礦石所在的河床，而在爐烤時，這些細碎的鐵元素會被氧化而賦予陶土其獨特的鏽紅色。較之比方說科林斯的陶罐，使用的就是從原始河床上採擷到的第一手陶土。這些上等陶土富含高嶺土而鮮少有鐵的成分，因此科林斯陶罐多呈乳白。

距今兩千五百年前的克里奧馮作品。

用來勾勒出紅色人物輪廓的化妝土，其質地要比瓶身上其他地方的陶土來得細緻，爐烤過程也比較迅速。

等烤爐被封起來後，空氣（氧）的供應會縮減，人員會在爐火中添入新砍伐而未「熟成」的「綠木」。此時化妝土便會經由「還原」的化學反應而顯現出其具有光澤的黑色質地。等化妝土變色後，爐火就會重新開封，爐烤的程序也會在較低的溫度中完成。

黎明的陽光中，克里奧馮像個掠食者一樣在他的陶器外圍繞著圓圈，就像是在琢磨出擊的角度。未經燒製的待畫陶器已經由陶工在前一晚準備好。過去好幾天，陶工一直在進行的工序是加水來精製來自河中的陶土，去除會沉到碗底的雜質。如果是製作粗糙的烹調器皿，那這種精緻的流程頂多一次，甚至會完全略去。但手上的案子非同小可。這東西品質的良窳，牽涉到尤里比底斯的品味與克里奧馮的手藝在外頭的聲譽。經過六次純化的陶土在此顯得如絲綢般滑順。

當他判斷陶土已足夠細緻後，陶工便會將之置於一面約兩英尺寬，平坦的輪盤上。一名學徒負責用平穩而固定的速率轉動輪盤，而陶工師傅則負責用手拉塑出陶器的外形。如此做出的陶碗會被放置十個小時晾乾，並藉此產生堅實且皮革般的質感，然後陶工就會取出細緻的麂皮布料來幫陶土「拋光」。藉由在這過程中讓黏土中的微細片狀晶體對齊，陶土的表面便會出落得更堅硬、更滑順。陶器的底部與握把，就置於一旁有砂粒墊底當作緩衝的布料上，等著在不會妨礙畫師作畫後再與陶器合體。

克里奧馮研究著一組六片陶瓦所顯示的兩幅圖，而那正是他打算移轉到陶器表面的圖畫。在比較主要的上層圖畫中，阿波羅本人將會靠坐在正式名稱是聖堂（sacrellum），格局類似「歐狄恩」（Odeon）這種小型阿波羅神廟的柱廊中庭裡。

圖中的遊行隊伍裡有六個還沒留鬍子的青少年，他們頭頂花冠，身穿裸露單邊肩膀但長度卻及至腳踝的輕薄禮袍。在遊行中為首的是名頭頂牲品籃的女性。克里奧馮看著圖中女子皺起了眉頭。她多層次且有皺褶，且上頭還有刺繡的女裝，得靠他花好幾個小時的苦功才能移轉到瓶身之上——要知道陶瓶上的錯誤想要掩蓋，比登天還難。

一名代表阿波羅歡迎遊行行列的人物，就站在銅三足鼎的旁邊。克里奧馮想讓那人成為尤里比底斯的化身，但又不想把人畫得太像而陷客人於不義，讓他招致虛榮的批評。就這樣，阿波羅的代表被畫得比行列中的年輕人要老，但又沒有尤里比底斯那麼老。那人的鬍鬚被畫成黑色，而不是尤里比底斯的灰色（反正灰色需要用上特殊的化妝土，克里奧馮這天早上也沒那個閒工夫）。不過那人的手杖倒是尤里比底斯中意的那種，與肩同高且頂端有道T字形的橫槓。

阿波羅本人（克里奧馮暗暗在內心對神表達了歉意）依舊俊美，但卻也沒有特色到像個路人。這有個可以做但不好說的心機，是引導觀賞者的視線遠離阿波羅神，讓眾人的目光聚焦在那特意不畫得太像的委託人身上。由此頭頂籃子的女性目光對準了「尤里比底斯」，甚至連阿波羅神本身也在向尤里比底斯行注目禮。但要是讓所有人都瞪著主角，好像又太明顯了，所以克里奧馮特意安排讓遊行行列中的第一名男性既不看著尤里比底斯，也無視阿波羅，而是回頭望向自己的身後。在此同時，阿波羅手握的神聖月桂枝也從自己的身邊朝尤里比底斯的方向傾倒。

在上方，阿波羅將其箭囊甩到了柱廊中庭的屋椽上，巧妙地讓箭頭也從神的頭上指著尤里比底斯的方向。在阿波羅與劇作家的中間，有塊來自阿波羅在聖地德爾菲（Delphi）的聖壇，名為「翁法洛斯」（Omphalos）的傳統石器，那據稱標示的是「世界的肚臍」。靠著這塊石頭的指引，觀賞者的目光也會被吸引到半條腿被石頭遮擋住的某人身上——而這某人自然不會有第二個人。

篇幅較小的下半部會繼續對狄奧尼西亞節有所描繪，但不會真的大剌剌地把構圖弄得太過露骨。你實際在瓶身上看到的行列裡有羊男跟騰躍的邁娜德（maenad）。邁娜德作為酒神狄奧尼索斯的女性追隨者，會很著名地在宗教狂熱中將自身衣衫撕扯粉碎，惟為了不搶走上方主圖的手采，克里奧馮畫筆下的邁娜德一個個都很收斂，基本只稍稍露出了翻轉的小腿。看著草圖再研究的克里奧馮眉頭深鎖，然後用炭筆調整了一名舞者所持手杖的角度，以便讓杖尖——一如其他舞者翻開的手掌——也都指向了瓶身上半部的「偽尤里比底斯」。

喔，阿提克的形！美善的心！那瓶上繡帶

的大理石上，雕琢著青春男女，
以林中的枝幹與被踐踏過的野草為背景；
你，無聲的典型，逗弄著我們心神脫離原本的思緒
一如永恆對我們所行之事：多冷酷的田園即景！
當年歲讓這個世代盡毀，
你仍將流傳下去，身處於與我們相違
其他的憂愁之間。作為人類之友，你想對人訴說的無非：
「美即是真，真即是美——知道這點
你就知道了世上的一切，也知道了你需要知道的一切。」

濟慈〈希臘古甕頌〉，一八一九年

看著瓶子，克里奧馮預想著把圖畫上去會是什麼模樣，熟能生巧讓他得以在腦海中就瓶身的曲線進行構圖的調整。他頓了一拍，咕噥著咒罵了一聲然後彎身細究起瓶子的表面，原來有塊地方略

乾，因此陶工用他的皮布沾濕去補強了一番，結果不小心在過程中滴了一滴水到還沒烤的瓶身上。這滴水立刻就進入了乾燥的表面，留下了一個汙點，但陶工畢竟經驗夠老，所以也沒刻意地去亡羊補牢。他知道克里奧馮會發現這汙點，然後用黑色的化妝土加以遮掩。由此陶工並沒有在慌亂中愈描愈黑，而只是把瓶身的汙點轉到正面，好確保照進窗內的晨光能讓畫師看見問題。

接下來就是好戲上場了。克里奧馮拿起一支炭筆，仔細地把草圖的輪廓描繪到陶瓶的表面上。再來他會拿用單單一根馬尾巴毛做成的「畫筆」去沾泥漿，然後信手以流動的筆觸畫上圖畫。偶爾當某一筆特別重要，不能有閃失的時候，他會先用細針在陶土上刺上刻痕（之後再用化妝土回填來恢復平滑的表面）。

克里奧馮很自豪於他流暢而自然的風格，而這一點在紅色人物的瓶子上比較容易達成。前幾代的黑色人物比較僵硬，也在風格上顯得陳腐，主要是你得辛辛苦苦，一條條把黑色人物上的紅線從半乾的黑色化妝土上刮出來。在人物周遭塗上黑色，然後在人物裡頭加上細線的新做法，真的要輕鬆寫意多了。

當紅色人物風格在三代之前由歐弗洛尼奧斯（Euphronios）等先驅提出來時，陶藝圈裡爆發了不小的爭議。但要不是當時的變革，今天的克里奧馮也不可能在瓶身的人物上呈現出自然的姿勢與豐富的情緒。克里奧馮知道他的畫作有點「致敬」一些他刻意模仿自帕德嫩神廟中，菲迪亞斯雕像上那自然中不失優雅的線條。但那又何妨？那些雕像是時代精神的具體代表，是一種對完美的追求，由此那境界即便我們無法企及，也可以啟發身為下一代的我們繼續朝完美逼近。

克里奧馮後退一步去觀察他的草圖輪廓。後世或許會評價他的做法粗糙而原始，就像當代的他們也看不起前人那些花樣不是太講究的陶罐。但克里奧馮知道他這一代人在做著「取法乎上」的工作，也就是盡量把標準拉高。他可以在內心看到自己完成後的作品。這會是個好瓶子，他感覺得到。生氣勃勃卻又寧靜無波，色彩豐富卻又頗富精妙之處。

看不慣就超越看看啊，我的好後代！

(06:00-07:00)

第7章 日間的第一個小時

女巫下咒

從陶匠區往東，賽利厄斯跨大步走在提米斯托克利牆邊的路上。他即將進入斯坎波尼迪（Scambonidae）這個滿是破落房屋的擁擠住宅區。賽利厄斯靠著牆走，是不想每次有人敲門，他就得跳開來避免被外推的門板打到。

雅典臨街的房門一打開，裡頭通常都是一個被房子圍住的小天井。就算是窮人家也謹守這種格局，只不過那棟房子裡可能同時住著好幾戶人家。臨街的門是前往這種「大宅院」的唯一通道，而在一個基本沒有警察的城市裡，這扇門被設計得能有多牢靠就有多牢靠。只是有匪徒結夥拆下大門然後入內洗劫的情事，也不是不曾聽聞。

向外推的門比起往天井裡推的門，前者更難拆毀，因此多數雅典人都優先顧慮住家的安全，行人的方便則只能擱在一邊。由此考慮比較周到的居民養成了一個好習慣，是在出門前先用力敲（自家的）門，否則說不準被嚇到或打到的行人不會是個凶神惡煞。

只是在此時，街門都開得又快又急，畢竟現在是懶惰蟲一天正要開始的尖峰時刻。多數人早就在一個小時前展開了一天的工作，主要是雅典人有要比太陽早起的觀念。作為一名酒館老闆，賽利厄斯有不因為晚起而被鄰居說閒話的特權，大宅院裡其他人預期會看到他的時間，一般是兩個小時後，屆時他會腳踢臭臉的奴隸去幫他準備午飯。

賽利厄斯的酒店經營得不算成功。去跟他愈來愈像是稀有動物的顧客們打聽，你會聽到他們抱怨廉價的苦酒、酸臭的麵包、懶散的員工，還有不衛生的環境。去問賽利厄斯本人，他會說是其他酒館老闆在共謀要讓他關門大吉。曾經他妻子還在的時候，他的酒館是個熱鬧又舒服的場所——主要是因為太座會每天工作十六個鐘頭，讓他可以專心並廣泛地抽驗店裡的酒。

如今的賽利厄斯非常肯定是其他酒館的老闆對他的生意眼紅。經由那些同業勸說成功，他妻子在某個夏夜偷偷跑路，並用小帆布袋帶走了她全數的積蓄。她如今在迦克墩（Chalcedon）替親戚經營一門供應船貨的行當，生意做得有聲有色。但同時間的賽利厄斯卻每況愈下。

這一天，他打算進行反擊。他會讓仇敵知道他們休想破壞他的人生卻沒有報應。他費了番功夫，才找到他想知道的住處。他偷偷塞了枚銀幣給店裡一個背景不單純的客人，對方才透露他認識的某人可能認識某個或許可以幫上忙的人。

經過幾晚，他的一名奴隸給他帶來了某無名氏提供的訊息。「去斯坎波尼迪區，過了歐摩爾波斯（Eumolpus）之墓的那條街，找到木匠的工坊，然後上樓梯走到底。日出後一小時不見不散。」

歐摩爾波斯是神話時代一名面目模糊的英雄人物，而他的「墳墓」只是十字路口上一個傷痕累累且空無一物的石棺。隨著賽利厄斯靠近，一隻算是地頭蛇的狗兒在那石棺上尿完了，大搖大擺地走了。木匠的店面輕易便被他找著，主要是木匠本人正生怕別人聽不到地用鐵鎚在組裝一套椅子。看到賽利厄斯找上門來，木匠就先用不懷好意的尖銳目光打量了他，然後朝向上通往後牆的一組樓梯，撇了個頭。帶著滿心的忐忑，酒館老闆聽從了這無聲的指揮。

上頭的房間闔上了百葉窗，不久前應該焚燒過草藥，空氣中還瀰漫著一股辛辣而令人頭暈的氣味。那灰暗的室內讓賽利厄斯看了好一會兒。才發現裡頭並非空無一人。一個拖著影子的身形坐在桌前，但其人渾身包得密不透風，所以乍看之下只是個裹著深色布料的小丘。不過聲音是好聽的，而且還出人意料地知書達禮。

「酒館老闆賽利厄斯。願希柏莉（Cybele）女神保佑你和你的家人。」

「妳是……女巫？」

突兀的沉默讓酒館老闆意識到自己的問題有點白目。

女子終於回答後，她並未失去耐性的聲音聽來四平八穩。「我自然不是女巫。女巫可是要以對眾神不虔敬被問罪的。若是女巫，那我可能剛好供應的藥品就成了毒藥，更別說我還會被指控戕害年輕男子身心與煽動奴隸。而你，賽利厄斯，也會因為不過跟我見了一面而惹上麻煩。當官的會指控我們為了讓邪門歪道的儀式奏效而進行不堪入目的『雙修』。

「我是個先知。我能做的只是助你理解神的意旨。或許在特定的狀況下，我可以給你一些行動的建議……來幫忙你完成神的意志。同時要是你在行動時遇到困難，我也可以助你一臂之力。清楚了嗎？」

面紗後的人物靜靜地坐著，也靜靜地看著她一頭霧水的客人拚命想理解她剛剛的一番說明。對賽利厄斯來講，這個他剛剛不小心惹到的（非）女巫感覺既神祕，又危險。她搞不好此時此刻正在

三面冥界女神，赫卡忒（Hekate）。

思考如何使出一道無聲的詛咒，讓他已經不順利的生命慘上加慘。他突然湧上一股自己不該來的悔意。

事實上女巫在思考的，是要少抽一點由天仙子與藍睡蓮所混合成的菸。這種菸一燒起來，會讓吸食者放鬆、恍惚而健談。但萬一濃度調得不對，或者被不該抽的人抽到，那這種東西是會要人命的，為此女巫開始有點擔心起賽利厄斯。

她問：「你要來自冥界的力量替你做些什麼？你有想要的女人？一個不肯正眼瞧你的女人，或根本無視於你存在的女人？你想要召喚惡靈來穿透她的人、她的眼、她的耳、她的胃、她的雙乳、她的私處，好讓她一心只想著你嗎？你希望她忘了自己是有夫之婦或已名花有主，慾火焚身地來到你身邊，然後全由你擺布嗎？」

讓賽羅之女卡蘿莎的魂與心飽受折磨，直到她一躍而起，快快，快快來到阿帕羅斯，提奧尼拉之子的身邊，就這樣，就這樣，渾身充滿著慾念與愛戀……

讓她把自己的丈夫、自己的孩子都拋諸腦後，但讓她來時帶著焚身的慾火，一心

> 只想著性與愛，特別是與提奧尼拉之子阿帕羅斯的魚水之歡，就這樣，就這樣，快快，快快來吧。
>
> 西元前五世紀的愛情咒語
>
> 希臘魔法莎草紙（Papyri Graecae Magicae 19a 50-54）

女巫緊急踩了煞車，她意會到自己好像犯了職業病，不知不覺唸起了咒語的字字句句，差一點就要講出「阿布拉納塔納爾巴」，這個會讓雞頭人身的阿卜拉克薩斯（Abraxas）惡魔去照她吩咐辦事的神奇字眼。

賽利厄斯考慮了一下女巫的提案。「如果這女人現居於外縣市，費用會比較貴嗎？」接著他略帶遺憾地搖頭改口，「不，我要的是正義。我的敵人詛咒了我，我想要詛咒回去。這妳做得到嗎？」

「我？詛咒？當然做不到。你以為我是神通廣大的女巫美狄亞（Medea）嗎？我沒說我不能幫你，只是說我跟你一樣是肉骨凡胎，所以你詛咒人無效，我詛咒人也不會有效。由此我們必須要召喚正確的超自然力量，說出你的訴求，然後藉他們之手給你的敵人重創。有些鬼神在打擊人時還頗富新意。」

賽利厄斯忐忑地端詳著她。「妳……有哪個神比較推薦嗎？」

「赫卡忒、抹爾摩，[1]跟荷米斯。」女巫脫口而出。她已經在腦中盤點起需要的東西，而大部分她身後的櫥櫃裡都有。

「抹爾摩。」賽利厄斯若有所思地說，「小時候我母親曾拿她嚇唬過我。我一調皮搗蛋或欺負妹妹，她就說抹爾摩晚上會來咬我鼻頭。我嚇壞了。」

「我得開始準備召喚神靈了。」女巫吩咐說，「到樓下叫木匠去天井另一頭的雞圈裡抓隻黑母雞。然後把說好的德拉克瑪銀幣放一枚在桌上。我可不想白做工，誰知道不先付錢你會不會一去不回。」

事實上，抹爾摩在這個詛咒裡可有可無，真正不可或缺的是赫卡忒這個巫術女神兼女巫的守護神，還有以貿易與商業之神身分兼任「荷米斯．普緒柯蓬波斯」，在冥界替靈魂領路的荷米斯。但女巫最近剛學會召喚抹爾摩的招數，她於是想藉機操演一下那簡短卻十分精采的套路：

街頭巷尾的神靈，夜間出來遊蕩的閃耀者

1 Mormo，赫卡忒的怪物侍女。

光明的敵人，暗影的盟友與好夥伴
她會見紅血流淌而陶醉於犬隻的嚎叫聲中
她會步行於墳墓與歸於塵土的屍體間
她喘息為了嗜血，以恐懼將人凍結
戈爾貢[2]與月娘，擁有諸多形體的抹爾摩
快來這裡，快來到我們犧牲的典禮！[3]

母雞被剁頭之後，女巫轉向屋後的粗糙壁爐，將一碗混了雞血的沸水倒入她事前架好在火上的小小坩鍋。賽利厄斯悶聲尖叫了一聲，原來是雞血閃燃出火焰，整個屋子翻騰著惡臭的黑煙，懸在陰影裡宛若厚重的烏雲。

「你可以感覺得到她，是吧？」女巫刺耳地尖叫著，「抹爾摩來了。她在聽。」

女巫之所以驚呼，是因為她不小心吸進了一點要加入坩鍋的石灰與硫磺。就跟在顫抖的賽利厄

2 Gorgon，希臘神話中的三個蛇髮女妖之一。
3 作者註：《希波呂托斯的哲學教悔》（*Philosophumena of Hippolytus*）4.35。

斯一樣，她也因為這兩者的化學反應而開了眼界。她就此打定主意要從她見不得光的供應商那兒多囤一點這兩樣聲光效果十足的好東西。這時唯一的問題，是室內的烏煙瘴氣、黑母雞的肅穆血祭，還有可怖的抹爾摩在室內煙火秀中的猝然降臨，在在都讓賽利厄斯措手不及，他一時間像個二愣子似的，有話不知從何說起。

「講話啊。」女巫用沙啞的聲音說。嚇壞了的賽利厄斯這才回過神。

「詛咒他們！詛咒那些詛咒了我的酒店老闆。尤其願阿提米絲[4]將她的恨意發洩在法娜哥拉與迪米崔奧斯身上，讓他們粉身碎骨。」

憤恨不平的賽利厄斯像是找著了一股惡氣的出口，咒罵的話語開始傾巢而出。「摧毀他們的酒館，不，摧毀他們的所有財產，讓他們變得一文不名。那靠著三寸不爛之舌招搖撞騙的迪米崔奧斯，讓他被綁住，牢牢地被綁住，有多緊綁多緊，然後拿鐵鎚把奇諾托斯釘在他的舌頭上，讓他變成個啞巴！沒錯，奇諾托斯！」

所謂奇諾托斯（kynotos），原意是狗的耳朵，但在賭博的世界裡指的是骰子所能擲出最低的

4 Artemis，希臘神話中的狩獵與生育女神，大自然的象徵，奧林帕斯山上十二主神之一。她是宙斯的女兒，也是阿波羅的孿生姊姊。

點數。迪米崔奧斯的嘴銳利得可以替驢子剝皮，而賽利厄斯要他的舌頭打結，要他說起話來粗俗、貧乏而結結巴巴。

站著的女巫口吐一句外語，像在發號施令。「阿納納克・阿爾貝歐烏唉里・阿伊伊唉喔呦。去吧，女士，去到妳的王座並庇蔭於他，賽利厄斯，別讓他受任何傷。」[5]

接著她一臉嚴肅地穿過房間，拉開門子，打開了百葉窗。女巫與客人都像是解脫了似地深吸了一口氣，臭氣沖天的煙霧則慢慢從室內散去。日光一照進來，那個房間突然看起來非常平凡無奇，就像個普通工人的住居。

女巫從桌子底下的抽屜裡取出一面鉛質的平板，提起一支鋼製的針筆，開始小心翼翼地刻寫起來，並不時轉頭去瞄一眼莎草紙上的筆記。賽利厄斯注意到那隻在進行刻寫的手，白皙而纖細，指甲也都經過打理。他默默在一旁無人搭理地站著，直到女巫遞給了他刻好的成品。

開了眼界的賽利厄斯將那一葉小小鉛卷轉動在指間。他擁有一道詛咒了。一道貨真價實，在抹爾摩現身之際獲得誦唸與加持，第一流的咒言，如今就等著被傳送給冥界的神鬼。

讀著內文，他一時間無法理解當中提到所謂「四年的週期」，然後他想起了每逢四年一度的大

5 作者註：《靈體的驅散》（*Dismissal of Spirits*），希臘魔法莎草紙 4.915。

狄奧尼西亞節與泛希臘節，雅典會舉辦大型的強力儀式來滌淨惡靈與咒語。咒語必須經過特殊的加持才能豁免於這些淨化儀式，否則大狄奧尼西亞節一到，詛咒就會沒來得及生效就被抹消。賽利厄斯深覺女巫的細心令人感佩，因為他以一己之力，絕想不到要注意這一點。所以說事情要做到完滿，還是得讓專業的來。

他很快地認可了咒語的遣詞用字，然後把其他酒店老闆的名字告訴了女巫。她會一個個做出相仿的詛咒，並在一小時後偕回返的賽利厄斯完成快速的封印儀式。刻有詛咒的鉛板會被摺疊起來，放進雞血與香灰中，然後由賽利厄斯持鎚將釘子釘穿鉛板，屆時咒語的力量就會被封印於其中。

在這之後，女巫便會設法把詛咒傳送到冥界，而這是她比較不喜歡的一段作業。下回朔月，夜空黯淡無光之際，她必須避人耳目地前往墓地去遞送訊息。屆時黑暗裡的她將會是一個人，或至少她會希望自己是一個人。對於一個每星期都要召喚鬼神、惡靈與暗黑女神的人來說，你永遠沒把握黑暗中潛伏著什麼東西在等你。但這也是她生意做得成的一個理由：萬一咒語出了什麼差錯，倒楣的是施咒之人，而不是下訂單的人。

明天適逢一場葬禮。可憐的阿爾卡厄斯之女，才十四歲就結束了短短的一生。女巫會悄悄潛入女孩墳頭的地界，在那裡的土中埋下鉛板。無月的黑夜，負責率領眾亡靈前往冥界大門的荷米斯會來接走女孩。而在鉛板上特定符咒的吸引下，荷米斯會意識到訊息的存在，將之帶走，然後將訊息轉交給自己以外的其他收信者：赫卡忒、抹爾摩，還有因為被賽利厄斯當著抹爾摩的面點名，所以女巫不得不硬加進咒語裡的阿提米絲。

一旦平板被荷米斯發現，訊息被傳出去，詛咒就不可逆了。屆時眾家酒店老闆的噩運也將注定。

詛咒的成品

二〇〇三年出土於希臘比雷埃夫斯東北敘佩泰（Xypete）區，為五片鉛板中的一片。該鉛板經過摺疊且遭釘穿。

冥界的赫卡忒、冥界的荷米斯
冥界的阿提米絲
將你們的恨意擲向法娜哥拉與迪米崔奧斯，他們的酒館
他們的財產，他們的所有

我，法娜哥拉與迪米崔奧斯之敵，
在血與灰中將他們與眾家死者綁在一起
四年週期的來臨也釋放不了你，因為我綁住了你，
迪米崔奧斯，
在最強大的束縛裡，奇諾托斯是你舌頭上的釘。

古雅典某全新市售詛咒板書
（A New Commercial Curse Tablet from Classical Athens）

(07:00-08:00)

第8章 日間的第二個小時

基本上爸媽除非是瘋了，否則他們絕不會同意讓全身一絲不掛又抹滿油的孩子去與一個大人扭打，不論對方的動機多麼純潔。

摔角老師備課中

在雅典，運動可不是件可以拿來開玩笑的事情。阿里斯頓身為摔角老師，總愛提醒班上同學，蘇格拉底曾如何訓斥一個叫做伊比吉尼斯（Epigenes）的朋友是如何身材走樣。

體態良好的人比較健康、強壯……日子過得比較好，比較愉快，能留給孩子的遺產也比較令人稱羨……在對肉體的各種使用中，至關重要的是你得盡量讓其以最高的效率工作。即便是進行思考，這個看似無關肉體的過程，大家也都知曉思考謬誤往往肇因於思考者的健康狀況不良。體能差的人容易喪失記憶。抑鬱、憂鬱，甚至神智不清，都可能會狠狠攻擊身體孱弱的心靈，讓所有知識離其遠去。比起強健的身體，沒有什麼更能保護好身為人的我們……

總而言之，只因懶惰而沒有讓身體發揮其在力量與美觀上的完整潛能，進而使馬齒徒長的你沒能隨歲月累積出原本該有的成就，是件很不名譽的事情。你有精神渙散到看不出人的成就需要努力，而不會自然而然地發生嗎？[1]

1 作者註：色諾芬《回憶蘇格拉底》卷三第十二章。

蘇格拉底常與他的雅典同胞們對著幹，但至少在上頭這一點上，蘇哲、摔角老師阿里斯頓，外加整座雅典城，大家算是有志一同。雅典人對於體育的重視，強大到他們擁有不是一座非常有看頭的體育館，而是三座（中小型的也有數座，某些會被用來當成職業運動員的訓練場地）。三大體育館中除了阿里斯頓任職的阿卡德米體育館（Academy，為「學院」之意），還有呂克昂（Lyceum，為「學園」之意）與希諾薩奇（Cynosarges，意為「快犬」）體育館。

這些公立體育館設於雅典城牆外，理由是田徑項目的練習需要開闊的空間。南郊的希諾薩奇是三大體育館中最不時尚的一座。另外兩座體育館是公民專用，所以希諾薩奇匯集了所有跨種族的「雜種」或沒有名分的私生子來這裡運動。這毫無疑問地是一種歧視，毫無疑問地引發了不滿，也毫無疑問地說明了何以以憤世嫉俗聞名於世的「犬儒學派」哲學（Cynic）會萌芽於此。

阿卡德米與呂克昂體育館之命名，都與學習有關，是因為以雅典為首的整體希臘人，都把體育跟智育視為不可分割的一體兩面。體育館不是正規學校可有可無的附屬品，體育館也是一種學校，或者應該說體育館就是學校。每天早上，少年們會集中前往某一所體育館接受嚴格的體能與心智操練。館內的老師會各自為其學有專精的領域發聲，像阿里斯頓就每天宣傳角力的好，蘇格拉底則力主讓老師們專注音樂。還有些人擁戴舞蹈。

> 沒有哪種體能練習可以與（舞蹈）平起平坐，不論是美感，還是顧及敏捷性、柔軟度與純粹力量的整體發展，舞蹈都是第一。這門藝術無所不能——它削尖了智力、操練了身體、愉悅了觀賞者的眼睛，還（透過古老的藝術）提升了人的歷史造詣。
>
> 琉善《論默劇》（*Lucian On Pantomime* 72）

少年基本上沒有選擇不參加的權利。他們是被父親遣來的，而在一天的前三分之一時間裡，只有老師及十六歲以下的男性可以使用館區。待之後體育館對不分年齡的所有男性開放後，進來的人也都是曾經的少年學生。除了身為戰鬥民族必須的體能鍛鍊外（四肢健全的雅典男人都注定要上戰場），體育館還提供美好的音樂、科學的課程，還有哲學的論辯。像蘇格拉底就會在呂克昂舌戰群儒來捍衛個人的哲學立場，不論主題是人的知識也好，靈魂也罷。

在阿卡德米，今天的授課將以摔角打頭陣。體育館的總教官相信一日之計在於晨，而晨間之計就在於可以刺激大腦的高強度運動。總教官是如此堅信運動的好處，以至於課表的一半滿滿的都是體育課，音樂與文法則是另外一半的主科。總教官的立場舉足輕重，因為他身為阿里斯頓的上司，

羅馬龐貝城留下來的馬賽克圖：柏拉圖與友人在體育館樹下撫今憶昔。

是這個領域中不可挑戰的絕對權威。

總教官通常是有頭有臉的有錢人，因為他得自掏腰包支應體育館所有的花費——運動員用來潔淨自己的油品、摔角場地必備的沙地，還有負責維護場地的奴隸。總教官的「績效」良窳，會在兩方面獲得評比：一是他能為希臘的各大運動賽事訓練出多少上場選手，二為他門下弟子表現出的學養造詣與行為舉止。這是個地位崇高的職務。

眾家少年已經褪去了衣袍（體育館的英文 gymnasium，其希臘文字源就是「裸體運動」之意），但他們不用擔心被路人看光光，因為運動區外有一圈大理石的柱廊跟提供遮蔭的茂密樹林。事實上阿卡德米的小樹林是相當出名的休閒勝地。體育館放學後，很多成年雅典人都愛來樹林中散步野餐，尤其是在早先與斯巴達作戰時遭到頻繁入侵過後，這裡已經是雅典僅存少數具規模的綠地。當初為了要引誘雅典人出城決戰，斯巴達人有計畫地摧毀了城外所有他們認為雅典人會捨不得的東西。惟信仰虔誠且說話算話的斯巴達人還是認了他們古早欠下的一筆債，所以他們留下了阿卡德米外的神聖樹林，但也就如此而已了。

阿卡德米體育館的簡史

時間推回雅典的神話時期，整個阿提卡團結在作風有時不算很光明磊落的忒修斯（Theseus）之下。而在他治下的一個黑暗時期，源自於忒修斯綁架了斯巴達未成年的美女海倫。海倫被藏匿在雅典，同時間忒修斯則又一次為了冒險而衝去冥界。

於是復仇心切的斯巴達人來找尋失蹤的公主之時，忒修斯並不在國內坐鎮。一個名叫阿卡德穆斯的男人經過一番調查，發現了失蹤的少女（接著的情節就是海倫隨即第二度被綁，還自此成為特洛伊的海倫，展開了另一段人生起伏）。

總之，為了報答阿卡德穆斯拯救了他們的城市，雅典人贈與他河畔一些有著良好遮蔭的土地。後來這塊地建了體育館，也成了哲學家的聚集地。阿卡德米的盛名一直延續到後代，成了如今全球數以千計「學院」的老祖宗。在此同時，二十一世紀的雅典已經讓他們的學院回歸阿卡德米的根源，變回了那個綠蔭滿天的森林公園。

阿里斯頓在一旁等候著，因為少年們正魚貫進入「路純」（loutron），也就是人進入體育館後會遇上的第一個房間。他們會在這個冷水盥洗間內仔細清洗身體並抹上油脂。在摔角結束後，他們會前進到名為「柯提希恩」（cotyceum）的房間裡全身抹上第二遍油，然後用仔細處理過的纖細沙塵撒在身上。這就是典型的「希臘浴」。肥皂已經問世，但卻是野蠻人才用的東西，畢竟沒有希臘人想整天帶著「鹼」味到處跑來跑去。相較之下，浸泡過香甜草藥與軟膏的橄欖油，會被用來滲入毛孔，然後再連同沙塵一起被一種名為「除垢棒」的彎曲銅器給刮出來。

> 我相信兒童首先感知到的是愉悅與痛楚，而這些就是美德與罪孽的原型……如今，透過教育，我們將訓練孩子養成適當的習慣，讓他們出於本能去遵循美德……
>
> 關乎愉悅與痛楚的特殊訓練，會使得他們從人生的初始到終結，都痛恨他們該痛恨的東西，熱愛他們該熱愛的東西。這種訓練可以獨立於其他的課程之外，而那也正是我認為理應被稱為教育的訓練。
>
> **柏拉圖《法律篇》卷二第十五節起（*The Laws Book 2.15 ff*）**

很顯然出於多種其他的疑慮，總教官無法親自指導少年，而將授課工作交給了另外兩類老師。其中第一類是「佩德崔波斯」（paedotribos）。他們是退役運動員，其主要的工作是為少年們設計最有益於身心的訓練與飲食。像是要不要讓少年以簡短的摔角開始一天的學習，就是總教官會去請益佩德崔波斯的事情，而佩德崔波斯今天確認了這確實是個好主意，前提是那得是站立式的角力。另一類老師則與趴到地上把全身弄髒有關，而他們負責的課程時常要拚命——專業的「地板式」角力廝殺之激烈，有時候兩人倒下去扭打，最後只會有一個人站起。

在站立式的角力中，其中一方必須要將對手摔到地上三次才能獲勝，而對打的組合則是由像阿里斯頓這樣的體操訓練師（gymnastes）決定，他們才是實際按佩德崔波斯的課程設計來監督執行的第一線訓練員。為了確保不要有人在晨間的熱身中受傷，阿里斯頓會把最孱弱的少年們派到柱廊的角落，讓他們在那兒與懸在天花板底下的帆布沙袋對練，藉此增強力量與技術。

其他的少年則會分成勢均力敵的兩兩一組，惟偶爾也會有力量較大的一邊對上技術較嫻熟的另外一邊。總之弄到最後，最常讓老師頭痛的還是小柏拉圖（本名為Aristocles）。這個孩子可不能在晨間熱身中落單，畢竟老師惹不起他有權有勢的貴族雙親（其母是古希臘七賢之一，制定法律的梭倫〔Solon〕之後，其父的家世可以上溯到更久之前，到那現已斷絕的希臘先王之間）。從另一方面講，你也很難找到足以跟小柏拉圖一戰的搭檔，不信你看看他那海克力斯一般的肩膀，這孩子真的只有十二歲嗎？

這個虎背熊腰的孩子強壯就算了，他連技術都不馬虎。其他跟他有相同身體條件的少年，可能會靠著蠻力而在摔角場上威風八面。但那不是柏拉圖的作風。相對於此，他會誠心誠意地遵循蘇格拉底的教誨，並由此認為人有在身心兩方面都追求登峰造極的責任。小柏拉圖用他一貫面對各種體育與智育練習的嚴肅與全力以赴，認真研究了摔角的技術面。其他同學只能把對手摔到地上，小柏拉圖會把人甩過半個體育館。

柏拉圖

柏拉圖生於西元前四二八年，意思是在本書裡的他十二歲（另一種他生於西元前四二三年的說法也存在可信度）。他的雙親與看雅典民主不順眼的保守反動貴族過從甚密。

身為一名摔角運動員，小柏拉圖很顯然足以在地位最崇高的伊斯米安（Isthmian）賽事中與人一較長短。在認識蘇格拉底後，他成為了一名十分投入的哲學家。柏拉圖在阿卡德米體育館創立了他的哲學學派，而他在那裡最知名的學生是個年輕的博物學家，名叫亞里斯多德。晚年的柏拉圖曾旅行到敘拉古，他一心想要將那裡的統治者改造成他夢想中的「哲學家皇帝」。最終那不是一場很愉快的行程。

認為希臘男性腦袋比較靈光的柏拉圖，讓現代讀者更火大的一點，在於他稱得上殘酷的社會政治立場（包括他主張剷除優柔寡斷的人口來淨化種族）。但即便如此，他以《法律篇》與《理想國》（*The Republic*）為首的諸多述作仍為西方諸文明對世界的理解奠定了重要的基礎。

阿里斯頓心癢地想要親自和少年對打。曾經他在家鄉阿哥斯也是小有名氣的摔角選手。年輕的柏拉圖或許是個青春期都還沒到的少年，但卻已經跟阿里斯頓一樣高，甚至肩寬還要略勝阿里斯頓一籌。體操訓練師維持體能與身材的方式，是與同事們對練，而他一直忍不住好奇若年輕的柏拉圖對上職業級的對手，會表現出什麼樣的水準。但當然這是不可能發生的。成年男性與少年之間的「少年愛」（pederasty）在雅典人之間已經是屢見不鮮，因此基本上爸媽除非是瘋了，否則絕不會同意讓全身一絲不掛又抹滿油的孩子去與一個大人扭打，不論對方的動機多麼純潔。

體操訓練師想出的辦法，是把一個剛好在及格邊緣的學生派去跟沙包對練，如此一來對練的人數就變回奇數，而多出來的那一個不用想也知道是誰。柏拉圖用帶著千言萬語的眼神向老師表達了不滿，他完全知道老師在幹嘛，也知道老師葫蘆裡賣的是什麼藥。

體操訓練師對著三組最強的對練搭檔喊話。「你們六個。你們用摔倒一次決勝負，贏的人可以跟我們的小柏拉圖尬一場。」

這裡說的柏拉圖，意思是「寬闊」，高原或巨流的那種寬闊。對於上衣穿特大號胸圍的人而言，外號被叫做「柏拉圖」是很常見的事情，而少年在這一點上又名符其實到大家都只叫他柏拉圖，不管本名亞里斯托克勒斯了。

他在阿哥斯出身的摔角選手阿里斯頓手下學習體操，也是阿里斯頓看他壯碩的體格，而給了他「柏拉圖」的名號。如亞歷山大在他的《哲學家世系》中告訴我們的，這個名號慢慢取代了他（按其祖父之名）被賦予的本名。

第歐根尼．拉爾修（Diogenes Laërtius）

《哲人言行錄卷三——柏拉圖》第一章

接在摔角課後的是音樂，而柏拉圖在這方面的表現就沒有那麼突出了。他的聲線略顯虛弱，也不夠和諧。他竭盡所能地嘗試了詩歌，包括目前他最熱切投入的「酒神讚歌」。但在個性的驅使下，柏拉圖會拚了命練習到能用最甜美也最細緻的嗓音去誦讀出自己的詩歌創作。[2]（柏拉圖後來會嘗試創作悲劇。而有次在帶著作品去前往參賽的路上，蘇格拉底的嘹亮詩歌聲讓他停下了步伐。意識到自己的文采比起哲學大家的口若懸河有多麼孱弱後，他的反應是驚呼一聲，「火神啊，柏拉圖需要祢」，然後就把手中的稿子一把火燒了。）

此刻，柏拉圖正打算提前將音樂課上會感受到的挫折感發洩出來。他抽動了一下厚實的臂膀，對被叫到的那六名同學露出同情的微笑，看著他們意興闌珊，展開了沒有人認真想贏的預賽。

2 作者註：第歐根尼．拉爾修《哲人言行錄卷三——柏拉圖》第七章（*Plato*, Book 3.7）。

(08:00-09:00)

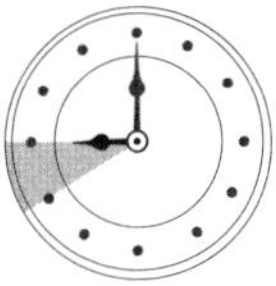

第9章 日間的第三個小時

魚販擺攤

一面準備攤子，阿爾賽絲提斯一面看著來自尤比亞島的羊毛商販，對方正焦慮地檢視著天空。「別擔心。」她開朗地呼喊，「不會下雨的啦！」羊毛商報以微笑，但那主要是出於對她能理解自己的感激，而非真正相信她預測天氣的本領。阿爾賽絲提斯並不介意下雨，事實上她有點希望下雨，但羊毛商是無法在雨天做生意的。羊毛的買賣是以米納（mina）為單位，一米納大約是六百三十公克，而天一下雨，加上阿哥拉廣場上的攤販是露天的，吸收了濕氣的羊毛就會變重也變貴，而官方並不答應讓羊毛商藉此占消費者的便宜。

而消費者的權益在今天又更重於平日，因為隨著大狄奧尼西亞節愈來愈接近，雅典城中有來自整個希臘世界的訪客蒞臨。阿哥拉廣場作為城邦範圍內，三合一的主力市集、公眾大道兼社交聚會場域，萬頭攢動著來自全地中海的貿易商要提供頂級好貨給錢不是問題的觀光消費族群。攤販老闆想認真發點財，就一定要在這個時間點到阿哥拉廣場來。

阿爾賽絲提斯對面靠著泛雅典街的東側，是一長排攤販，從南邊的柱廊延伸到與「十二神壇」等高的地方，全長半希臘里（stade），約八十四公尺。一眼望去，阿爾賽絲提斯可以看見雍容典雅的波斯拖鞋，還有用阿莫爾戈斯島（Amorges）的羊毛織成，纖細到讓人不好意思盯著瞧的透視衣衫。另外有一攤賣的是用義大利南部盧卡尼亞（Lucarnia）厚羊毛製成，排成一整疊的紅黑義式斗篷。這種斗篷上面幾乎要滴下綿羊油，而這也證明了除非是遇到暴雨，否則披著這種斗篷都不用擔心。然後還有一攤上頭陳列著一小罐一小罐罕見的阿拉伯香水與軟膏。隔攤有名貿易商在桌面上擺起了一落落莎草紙，而他也提心吊膽地望著天際。

阿爾賽絲提斯想起昨天有人跟一個凸肚的小男人針鋒相對，主要是那個小男人隔著幾攤，在把玩著呂基亞特產的精美地毯。

「嘿，蘇格拉底！什麼風把你吹來的啊？我以為燈心草（藺草）的草墊就夠你用了，不是嗎？」那人挺直了身體，阿爾賽絲提斯看到他其貌不揚的臉上散發著在挖寶的光芒。

「喔，我常來這一帶。」蘇格拉底邊說邊用手臂一揮，把整排攤販都納進了他指涉的範圍。「我一直覺得很神奇，世界上怎麼會有這麼多我不需要的東西。」是喔，阿爾賽絲提斯邊這麼想，邊把又一大塊魚放好在當作陳列處的甜菜葉上。她心想這人反正不需要我的魚吧，這點應該是確定的。他應該是吃胡瓜魚的那種人吧，我猜，那種靠鯷魚或者鹹魚度日的男人。

阿爾賽絲提斯是在侮辱他，但不同於其他雅典人，蘇格拉底並不在乎自己吃的是什麼魚。在有些社會裡，人的貴賤看你喝什麼酒；在有些社會裡，則是看你戴什麼首飾或穿什麼衣鞋。但雅典人就算有錢也不太穿鞋，他們打量一個人是看你吃魚的品味。小鯡魚或鯷魚等小型魚類，對應的是沒錢吃不起好魚或有錢但不打算吃的雅典人，像蘇格拉底就屬於後者。烏賊是一般家庭桌上都可以接受的菜色，至於有錢人則吃鮪魚的精華部位、抹香鯨，或其他大型魚類。

好幾個攤子都提供這些老饕級的美食，但當開市的鐘聲一響，大家第一個衝向的地方是敘拉古人阿爾賽絲提斯的方向。她賣的是義大利美西納（Messinia）的鰻魚，畢竟鰻魚是公認魚種中的王者，口腹之慾的極致。曾有劇作家寫道：「如果我是神，那看不到鰻魚的牲禮都別想上我的祭壇。」一般的鰻魚會在特殊的場合被恭恭敬敬地端上，但若說有種鰻魚可以讓晚宴主人在社交圈中聲名大噪，那答案不外乎是在嫌貧愛富的「魚肉拜金者」眼中宛如「金羊毛」一般的美西納鰻魚。

「光是能夠把這種食物放進嘴裡，美西納的公民，你們就已經比其他的凡人更受到老天眷顧……那種鰻魚，稱得上是盛宴上的帝王，食材戰場上的尊者。」在其知名詩作《老饕》（*The Gastronome*）中如此寫道的，是阿切斯特亞圖（Archestratus），而雅典人也都覺得他所言甚是。只要美西納鰻魚一上市，雅典的搶購人潮絕對是前仆後繼，而且再誇張的價格都付。如果美西納是鰻魚界中的冠軍，那麼亞軍產地就是維歐提亞的湖區。維歐提亞鰻魚的美味無須贅言，但美西納鰻魚還多了個物以稀為貴的賣點。

而這也就是何以在十五天前的西西里，阿爾賽絲提斯會在她與老公的忒提斯（Thetis；海洋女神）號商船上裝滿了敘拉古的起司、雙耳瓶裡那色深質重的西西里葡萄酒，還有最重要的一桶桶美西納鰻魚——有些鹽醃、有些煙燻、有些則在船底的鹹水桶中活蹦亂跳。阿爾賽絲提斯已經在阿哥拉廣場做了三天生意，而且還用人為的缺貨去進行飢餓行銷，搞得那些養馬的暴發戶付了等於她五天薪水的錢買一份鰻魚，還忍不住大呼幸運。

有趣的是，一般的肉在雅典城裡倒是沒有那麼熱門，即便荷馬史詩裡的英雄看似很享受滿桌的大魚大肉。魚貴而肉賤的一個原因是多數雅典人的肉類來源，是祭神的牲品。根據與眾神簽訂的古老協定，神明會分到牲獸的靈魂、外皮、骨頭與角（如果有的話），而人類則可分到肉的部分。出於祭祀的公眾性質，每個參與者都會分到等量的肉，而且每個人被分到的往往都是隨意被劈開的一大塊肉、內臟與軟骨，沒有人在管部位的好壞甚至適不適合下肚。

再者，還有形象的問題。多數魚種都是販售於阿哥拉廣場或比雷埃夫斯的市集，所以作為一種菜餚，魚肉的地位比較「都會區」。對比鄉下人比較會吃得一豬子豬油，城市的「雅痞」則愛細細地品嘗入口即化的白皙魚肉。

今天是阿爾賽絲提斯最後一天出來擺攤。這點經過大肆對外宣傳，應該可以讓她在一小時內把東西賣完。在那之後，她會去討價還價地批些可以帶回家大發利市的貨品：成匹的綢緞、小小罐提煉自紫紋螺的泰爾紫染料（Tyrian purple）——已知世上不會掉色的染劑、雅典的花瓶，還有運氣好的話，尤里比底斯的最新力作。尤里比底斯在敘拉古是地位崇高的劇作家，他的新作初版絕對會賣到高價。

雅典與東方的商人會在阿哥拉廣場上以跟女人直接交易為恥。伯羅奔尼撒半島以東的女人只要還稍微要臉，都不敢夢想在市場上跟人討價還價。阿爾賽絲提斯見過那場面，也偷偷恥笑過雅典的貴族女性用面紗把自己包得密不透風，她覺得那些女人根本就是長了腳的帳篷。她們在市場得先對傭人咬耳朵，然後再由傭人代替她們購物。阿爾賽絲提斯都是拋頭露面地跟人買賣，沒什麼不好意思的。

就讓那些商人因為她的素顏而嚇得面無血色吧，他們馬上就會瞥見她手中的銀幣，還會見識到一個打扮如此不羈的女人有多敢殺價——而且還總能殺成功。阿爾賽絲提斯在一星期的開始就做過功課了，每一攤的成本價她都瞭若指掌。

原本這工作可以由她丈夫代勞，但她丈夫人在比雷埃夫斯準備忒提斯的返航。他手持橄欖枝棍，偕兩名在碼頭聘來的道上弟兄保護已經上船的貨物。除了港邊不算平靜以外，返回義大利的航程也滿是危險。在通過愛琴海朝科林斯而去的風平浪靜後，接著就是伯羅奔尼撒半島，乃至於讓人提心吊膽的馬里阿岬角（Cape Malea）。

再來，這條小小的商船會轉北朝克基拉（Corcyra）島而去，沿途巴著海岸線，期間船員只能

魚販與顧客。

祈求老天爺，別讓他們遇上從阿爾巴尼亞一路肆虐沿海，神出鬼沒的利布爾尼亞（Liburnia；今克羅埃西亞）海盜船。接著假若沒有晚春的風暴將朝義大利港口布朗迪西恩（Brundisium）急奔的船隻弄沉在亞得里亞海，那阿爾賽絲提斯就可以開始期待在崎嶇的義大利海岸線上悠閒地往南。途中她會很快去美西納海峽晃一下，為了那兒盛產的鰻魚向地區守護神——伊托美丘上的宙斯神像——敬一杯酒。完事後她便可以返回避風港一般的家鄉奧提迦（Ortygia），也就是敘拉古的主港。

此刻群眾已經擠在了宛如起跑線，市集正式開賣前的圍繩外面。阿爾賽絲提斯把一小疊砝碼放在她從阿哥拉經濟官那兒拿到的天秤旁，算是完成了最後的準備。阿哥拉經濟官負責從位於宙斯杜廊的辦公室裡監督市場狀況，而宙斯很應景地正好就是秩序之神。

為了確保商品賣出沒有偷斤減兩，市場內的砝碼必須符合官方的規格。哪個商人被告到阿哥拉經濟官面前，然後砝碼在公秤上斤兩不足，哪個人就倒楣了。一般攤販用的是蓋有小貓頭鷹戳印（半官方雅典印璽）的砝碼，來表示其重量符合標準。而對阿爾賽絲提斯這種外來客而言，比較省事的做法是向市場管理處承租整套設備。如此一來如果有客人抱怨東西太少，她就可以放心地叫他們去杜廊處投訴。

想到這一層，阿爾賽絲提斯很快看了一眼後排的橄欖油販。她來阿哥拉的頭一天，那名油販就被控東西少給。這名油販並沒有成套的砝碼與度量衡，因為他的高腳桌面上嵌有一系列盛碗，碗底設有水龍頭。

由此當顧客說要——比如說——十二基亞托斯長杓（kyathoi），約當半公升多的橄欖油時，油販就會把客戶要的量倒入對應的碗中，然後等碗滿了，他再打開碗底的水龍頭，將油洩進顧客自備的容器中。這次被抱怨，是客人懷疑碗內標示「已滿」的橫線被故意畫低。

兩名市場官員跨大步從杜廊出動，前面還有一名斯基泰的強壯槳手開道，他們平日就是阿哥拉廣場的圍事。官員帶來一枚邊上標有刻度的瓶子，慎重其事地在裡頭裝滿了十二杓的橄欖油，然後將油倒入油販的碗中。這場實驗若說證明了什麼，那就是油販過度大方了——官方瓶子裝滿倒進碗裡，還差油販的「已滿」橫線一隻手指寬。

「我是市場督察員。」庇西亞斯說，「您要是來買食物，我可以幫助您。」

「多謝，但我心領了。我已經買了晚餐要吃的魚。」

庇西亞斯拿起我的籃子，左右搖了搖，為的是更仔細觀察那些魚。「你花了多少錢買這些胡瓜魚？」他問。

「我花了點功夫殺價，但最終我讓魚販只收我二十枚銅幣。」

聽我這麼說，庇西亞斯氣憤填膺地拉起我的手，帶我回到了阿哥拉廣場。「哪一家賣你這種垃圾？」他厲聲質問。

我指出了在自家角落蹲著，上了年紀的那個小男人。庇西亞斯二話不說，就以全副的官威朝他直撲而去。「你這個混蛋……人家當你是朋友，你就這樣占人家的便宜……今天我不讓你知道幹壞事會有報應，我這個督察官就白當了！」

語畢他把籃子裡的魚全倒在地上，並令一名隨從將之踐踏成肉泥。他露出心滿意足的笑容，顯然是覺得自己已以鐵腕善盡了職責。「夠了，路瑟斯。」他說，「我們已經讓這老不修臉上無光了。」

他揮手向我示意離開，而我也照辦了。驚魂未定的我一句話都講不出來，因為我失去了晚餐，也沒有錢重買。

「懲罰」魚販，阿普列烏斯之《金驢記》卷一第二十五章

（**Apuleius *The Golden Ass* 1.25**）

阿爾賽絲提斯用上了些細直的樹枝來驅趕陰魂不散的蒼蠅，以便漁獲可以在開市時看起來新鮮無比。只是第一個上門的客人仍沒有直接開買。

他只是四下打量著阿爾賽絲提斯的漁產，大放厥詞起來。「是我的話，我會提防著那些煙燻的鰻魚。前幾天的晚上，年輕的克里斯希波斯就吃了一樣的鰻魚，結果跑廁所跑到現在。至於生鮮的鰻魚，俗話是說六月前盡量別吃，會影響體液[1]平衡。」

阿爾賽絲提斯瞄了眼這名長舌公。「我也有鹽醃的鰻魚。」她說。男客人縮了一下，鬍鬚因為

不耐煩而抽動。

「鹽醃的更不好！怎麼說呢，我上次吃鹽醃鰻魚，感覺根本就是在吃鹽而已。吃完我灌了一肚子水，灌到簡直自己都要變成魚了。我嘴裡到現在都還有殘餘的鹹味，倒是魚味完全沒有嘗到半點。」

「我很好奇，」老大不高興的阿爾賽絲提斯問道，「這種老套還有人中招嗎？你一副嫌棄的模樣在那裡挑三揀四，數落漁獲的不是，不就是等著某個好傻好天真的攤販要麼全面降價，要麼專門給你打折，否則你就不善罷甘休嗎？我是不吃這一套的喔。你要麼馬上用原價跟我買，否則我以商人之神荷米斯的名字發誓，你這輩子都別想再跟我買東西了。到那時我寧可一條魚都賣不出去，也不做你的生意。」

兩雙銳利的目光在空氣中針鋒相對，任由一旁的其他顧客看著這場龍爭虎鬥。最終，大嘴巴客戶臉不紅氣不喘地打破了僵局說：「既然妳把話說到這個分上，那煙燻鰻魚的那兩段就幫我包起來吧，麻煩妳了。」

1 古希臘的醫學認為人體是由四種體液構成，分別是血液、黏液、黃膽和黑膽。他們認為體液失衡會造成人體染病。

阿爾賽絲提斯俐落地包起鰻魚，但在要遞過東西之前補上了一句：「喔對了，我還要跟你收一筆顧問費用，金額是三奧波爾（obol）。快老實點交出來，不然這魚就是後面那位先生的了，而且我還要給他半德拉克瑪的折扣。」

這名自己也是前評論家的客人沒得考慮，只能用舌頭從嘴裡挖出了額外的費用。他能這麼做，是因為雅典錢幣個頭非常小。

一枚奧波爾，大小只有指甲的一半，而且重量也極輕。

帶著錢包在路上走，如同等著被偷，而雅典的束腰外衣設計又沒有口袋，所以攜帶迷你硬幣最省事的辦法，就是把它們塞進牙齦與嘴唇之間，大自然設計來給雅典人放錢的空間。

沒再多說什麼，阿爾賽絲提斯把錢幣扔進她當成收銀機的那一碟水裡。然後就真的是大搶購了，客人爭先恐後地相互推擠，沒有人不像吃了炸藥似地想用高價壓過別人。就這樣一如預期，鰻魚存貨愈來愈低，價格愈喊愈高，桌面不到一小時就空空如也。

阿爾賽絲提斯把攤子清理到一半，一名中年男子衝了過來，且全身都是汗。「鰻魚！還有剩嗎？全都賣光了嗎？」

> 他們會帶來一籃籃鰻魚……而我們會全部衝去買，現場會是我們跟摩里楚斯、提利阿斯、葛洛賽提斯等一個個老饕的大混戰。等梅藍提厄斯姍姍來遲地在市場裡現身，商販會告訴他一個壞消息：「對不起，本日售罄，沒有鰻魚了。」
>
> 他會因此唉聲嘆氣，會開始唸起他正字標記，出自悲劇《美狄亞》（*Medea*）的獨白。「哀哉，我完了。我命該絕矣。喔，真是災難，我竟然會讓那些隱藏在甜菜葉上的美味，從我身邊逃開！」
>
> **阿里斯托芬《和平》第一〇〇二行（*The Peace* l.1002）**

阿爾賽絲提斯搖了搖頭。男人站在那兒上氣不接下氣。他顯然先被什麼拖住了腳步，然後才用全速衝了過來。「妳認識我，是吧？梅藍提厄斯，悲劇作家，有名的悲劇作家。妳肯定有暗藏起來要給VIP的壓箱底吧。我願付雙倍價格。」劇作家抱著一絲希望，拚命在阿爾賽絲提斯的攤位桌上尋寶，看甜菜葉中間有沒有夾著「漏網之（鰻）魚」。

最後讓他停下來的，是暗暗從身後傳來的笑聲。一個皮膚蠟黃但穿得人模人樣的年輕男子，在劇作家後頭笑得不懷好意。梅藍提厄斯在驚恐中舉起了雙手。「阿里斯托芬，不會吧！我錯過了鰻魚的事情，你不會宣揚出去吧？你不會的，是吧？你應該還不至於那麼……！」

(09:00–10:00)

第10章

日間的第四個小時

訪客救人一命

兩名男子離開了阿哥拉廣場。他們正熱切討論某件事情，只不過時不時會為了品嘗剛才向攤販買的蜂蜜蘋果糕點而中斷，畢竟那玩意實在太好吃了。路過的人對兩人投以好奇的眼光，因為其中年紀較大者很顯然才是兩人之中的學生。他聽得很專注，偶爾還會停下來強記細節。

這讓不少人都看傻了，主要是佛伊柯斯是個有頭有臉，本身也桃李滿天下的醫師。比較年輕的那個男人——一名四十來歲的壯漢，看起來不像本地人。他的口音裡有那種東愛琴海公民特有，彷彿在唱歌的節奏感（在許多東邊的城邦，阿提克的希臘語都已經突變成不同的方言。事實上，小亞細亞的索里〔Soli〕公民說起希臘語，已經相較於標準語是如此地「錯誤百出」，以至於後世英文裡會出現一個單字叫做solecism，意思就是嚴重的文法錯誤）。總之，這個男人是出身科斯島（Kos）的希波克拉底（Hippocrates），他毫不謙虛但也實至名歸地收下了「全世界最偉大醫師」的頭銜，因為這描述於他不是溢美，而是事實的陳述。

「人的肉身是一個整體。」希波克拉底說，「你想想看，當肺部有發燒現象時，大腦是不是也會不太對勁？手上被劃出一道傷口，結果你腸胃排出血便。肥肚腩的人比起身材苗條者，前者可能比較難長命百歲，且不論那是什麼原因在作祟。

「這個問題，你懂的，就是我不認同克尼多斯（Knidos）學派的地方。他們的作風是肝臟有問題，就只治療肝，彷彿肝臟可以自外於身體各種器官組成的社群一樣，當然社群是種比喻啦。就我的觀察，肝的問題沒處理好，會慢慢變成皮膚也有問題，或是腎臟也跟著出問題。腫瘤出現在身體的某部分，但它的根源可能深藏在其他部分。因此你必須要把人體當成一個整體去醫治。」

佛伊柯斯從齒縫中摳出了一絲蘋果肉。所以一個惡性的腫瘤必須及時切除，免得它擴散並傷害到其他器官——佛伊柯斯心想，他必須要將這則比喻分享給好友尼西亞斯。身為手腕高超的從政雄辯家，尼西亞斯一定會樂於把希波克拉底的話發展成一篇用來攻擊政敵阿爾西比亞德斯的演講。

佛伊柯斯跟尼西亞斯所見略同，都認為阿爾西比亞德斯是城邦之瘤。他的恣意妄為，他的暴虎馮河，還有他不懂得敬老或尊神的各種行為，都是對雅典政體健康的戕害。

阿爾西比亞德斯是放逐選舉的強力候選人。沒錯，雅典人可以投票把政治人物放逐十年。不必然是因為政客犯了什麼法，只要是公民判斷這人會危害到雅典政體就行。

尼西亞斯可以主張阿爾西比亞德斯該被放逐，就像醫生應該在腫瘤危害到整個宿主前將之切除。醫學的比喻，或可讓那意象在民眾腦海中更加清晰。佛伊柯斯堅信剷除阿爾西比亞德斯之舉必須盡快有所成，否則他將拖著整個雅典進入那凶險而愚昧的西西里遠征。

想到這裡，佛伊柯斯突然意識到自己恍神了一分鐘，他完全錯過了希波克拉底這段時間所說。但所幸他沒有為此出醜，因為這時突然冒出一個衣服亂七八糟的男人，推擠著衝出了群眾。「佛伊柯斯呢！有誰看到醫生嗎！他走這條街離開了阿哥拉廣場。我找佛伊柯斯！」

「我就是。」

「來，拜託，快來。出事了，有人被柱鼓砸中了。」

呼救的這人急得左右腳直跳。「在火神廟那兒——我們是修理工人，柱筒突然掉下推車，年輕的迪庫里恩就被砸中腿了，你能幫幫他嗎？」

這個問題，是說給兩名醫生的後腦勺聽的，因為他們早就在大街上拔腿奔跑，而最後兩人也及時趕到，阻止了其他工人害死他們的病人。

工人弟兄們把木竿卡進了柱鼓的下方，正準備要用槓桿原理將柱鼓從躺在石板路上，一動不動的傷者身上撬起來。此時一架繫著兩頭牛的推車就停在一旁，剛剛加入的則是一群圍觀民眾，這些人有的在看熱鬧分析、有的在祈禱傷者平安、也有人給著救人的建議。

佛伊柯斯停下腳步喘氣。同一時間，希波克拉底一把推散了想讓柱鼓翹起的那些工人，再一腳踹開了在俯視著傷患的傢伙，然後便開始仔細地觸診起迪庫里恩的腹部。

「呼吸很淺，脈搏細如絲線。皮膚蒼白而汗濕。後腦有大面積的挫傷與腫脹。身體外觀沒有凹陷，也沒有骨折。所以這人是被敲到頭部嗎？」

「我不清楚。他砰一聲就倒在地上。」一名工人說，「他腦袋肯定在石板上撞到了。他倒地後便沒被移動過，也沒人嘗試跟他說話。但眼前的大問題似乎確實是那柱鼓，我們得把它從人身上移開。」

這座神廟前方的一根根石柱，並非用一整塊石頭直接雕刻出來。大部分的石柱都有兩到三名成年人高，所以不要說雕，光是找到適合的石材都是艱鉅的挑戰。所以說如果不是特別重要的建築，一般的石柱都是用「石鼓」——高約一腕尺，上下都是平坦表面的圓柱塊——所構成。少部分石鼓的表面上有洞可供金屬桿插入，以固定上下的其他石鼓。惟多數石鼓僅憑其重量便可穩若泰山。

等一尊尊石鼓被連成一根石柱後，工人便會把摻有石粉的水泥漿糊倒入石鼓的縫隙當中，然後用砂紙將柱面打磨到外觀完全沒有破綻。如今橫在青年迪庫里恩小腿上的石鼓，是石柱的基底，那是一塊分量十足的大理石。

希波克拉底解釋道：「把石鼓從少年身上移開，他會當場死給你們看，雖然他現在也已去了半條命就是。湧進他傷肢的血液會打亂他的體液平衡，沒看到嗎？但你們要繼續現在的做法，我是沒意見啦，只是他會死得很快，而說真的以他的狀況，讓他趕緊死搞不好是幫他的忙。只是說你們要繼續這樣幹，我就不能收他為病患，因為本門派的基本原則是：『先求，不傷人。』」

戰場上的急救。

工人們看著佛伊柯斯。「以黑帝斯之名，這人是何方神聖啊？」

「科斯島的希波克拉底。也沒什麼，就是當代最偉大的醫師而已啊。他雲遊過埃及與巴比倫，他的醫學知識比十個我加起來都多。我會說這孩子今天是走了運了——我是說被石鼓砸到這一點不算的話。想救他，就照希波克拉底說的去做，不過就是他說話有點嗆，大家得擔待點。」

同伴幫他做的自介，希波克拉底完全當沒聽見。「這腿不能留。」他指的是柱鼓與路面之間的模糊血肉。「事實上也留不住。我們得當這腿是得了壞疽，膝蓋關節以下必須切除。佛伊柯斯，你負責筆記。這人即便最後沒救活，這份筆記也會在將來派上大用。」

「這麼說也太冷血了吧。」一名旁觀者有感而發。希波克拉底為此抬起了頭。

「人生苦短，但醫學的藝術可以長存。什麼叫做冷血，站在一旁對這孩子見死不救，也不想從中得到教訓來幫助日後的類似傷者，那才叫冷血。而你現在站著的那副模樣就叫做腦袋空空，懂嗎？所以除非你能派上一丁點用，否則就給我閉上鳥嘴，好生站在那兒別動。」

希波克拉底轉身交代起他的醫師搭檔。「佛伊柯斯，我會從神經已斷的這裡切下去，那裡的組織還是活的，小心不要切到。如果病人是醒著的，那他肯定會馬上暈厥並可能從此長眠，但反正他現在已經沒有意識了，而且命在旦夕，所以我們索性就放手一搏吧。這時最大的危險是什麼？」

希波克拉底

不論我們說起某個人的病體正在 convalesce（康復），或是誰的舊疾 relapse（復發），還是說明某種疾病是急性、慢性或屬於流行病，我們都得為了這些分門別類的醫學辭彙感謝「醫學之父」，希波克拉底。

希波克拉底替醫學奠定了扎實的科學基礎，使其脫離了宗教或神通（theurgy；使用禱告、護身符或牲祭等超自然方式來療傷止痛）的範疇。

希波克拉底確立了觀察的科學原則、臨床診斷的重要性，還有醫學療程的基本方針。此處故事裡的截肢手術，是直接取材自希波克拉底（據稱）偕其後繼者共同寫成在其科斯島老家，由他所創辦之醫學院內，名為《希伯克拉底文集》（*Hippocratic corpus*）的文本。「先求，不傷人」至今仍被納入希波克拉底誓詞，由現代醫學生們廣泛宣誓遵守。另一句有時被寫成拉丁文Ars longa, vita brevis的名言，大致的意思是「生命須臾間，藝術恆久遠」。這話後來被很多拾人牙慧的文學家抄襲，但這裡的藝術其實原本是指醫療的技藝。

希波克拉底起碼活到了八十歲，甚至有些說法是他成為了百歲人瑞。他的名字本意是「馬兒的力量」，而若從身體新陳代謝的速率而言，希波克拉底可謂人如其名。

「大出血？」

「確實。主要的血管被截斷，骨頭也遭輾碎。通常遇到受如此重創的腿，我會坐等壞疽自然而然將骨頭從斷處分開。畢竟化膿的膚肉組織只是看起來恐怖，治療起來還好。但你應該能理解我們現在不能這麼做，同時一定程度內的出血也有助於化解危機，因為出血可以沖刷掉有害的體液。至於出血最後要如何止住，你有什麼高見？」

「燒灼？」

「可以考慮。真的可以考慮。亂世要用重典，危機要放大絕。但我應該會先嘗試按壓止血。我見過不止一位病人好起來，包括壞疽跑到股骨（大腿骨）了的都還有救。我需要……」希波克拉底翻著白眼在搜尋記憶。「水，注意要乾淨的水，溫水跟熱水分別用不同的盆子裝。醋。蜂蜜。無花果葉。松脂。還有我需要布——乾淨的亞麻布。去市場拿。刀一把，愈鋒利愈好，且刀刃不能生鏽。還有皮革，大概像這樣。」希波克拉底舉起兩手，比出指尖相隔約兩英寸的一個圓。「最好是迦太基的皮革，如果找得到的話。否則隨便什麼皮革都成，重點是要拉薄。」

「你要皮革做什麼用？」佛伊柯斯不禁好奇。

「我要在這裡做一個楔狀切除手術。」希波克拉底在傷者膝蓋正下方描了一個倒V字形，為此他必須把手指伸進石鼓下方深處，才能從頭到尾寫出一個完整的V。「你看得到他腿上有個地方鼓鼓的嗎？那兒的骨頭已經碎了，所以我們會在倒V的頂點留下最少的肉，把周邊過長的膚肉一起拉到骨頭下面，用皮革像杯子一樣把殘肢盛裝起來，然後外面用繃帶提供壓力。皮革的作用在於會讓膚肉長回自己身上，而不會因為直接接觸繃帶而與之牽扯不清。」

希波克拉底戳了戳碎骨下方的位置，看病人會不會因痛而收縮。結果傷者一點反應都沒有。

「刀呢？我們急著用刀！」希波克拉底大喊了一聲，嚇得某些群眾往後退。低頭看著傷患的他喃喃自語起來。「第一件事，進行診斷。哪些東西在該在的地方，哪些東西的位置跑掉了？哪些資訊一目了然，哪些事情還得調查？哪些病情可以目視得知？哪些東西得依靠觸診或甚至用聽的去了解。別忘了嗅覺與味覺也可以派上用場。資訊蒐集齊全後，就是要去理解。無法理解，再多的觀察也是白費。好，第一步完成。

「接下來，我們需要釐清一些事情。關於這名病患，誰來主刀？有哪些手術器具可用？採光從何而來？我們必須對有多少樣事情要完成胸有成竹，包括它們都是些什麼事情？又該以何種順序為之？我應該處在這個位置，因為現在的光線是太陽的自然光，所以我得人在這裡才不會讓要下刀的區域被遮住。我的穿著不會妨礙手術的進行。我的指甲有剪。我的助手能力在水準之上。我們現在需要的，是按使用順序排列整齊的外科器械。你，佛伊柯斯，要負責幫我遞東西。現在先把工具擺好，並聽從我的指揮。」

在希波克拉底周遭，原本的旁觀者也都動了起來。如果危機不可免，那雅典會是個不錯的場地。或許是因為很不幸，雅典人總是習慣性地引發危機吧，所以久病成良醫，他們已經學會什麼叫快速反應跟保持冷靜。短短幾分鐘，主刀的希波克拉底就已萬事俱備。如剃刀般鋒利的去皮刀已經握在他的手裡，而在他身後，出事工班的工頭正與提供亞麻布的攤販在拌嘴。

「你們兩個，把這孩子的肩膀按住。他多半不會馬上恢復意識，但萬一他被刀鋒喚醒，突然像出了水的鱒魚一樣跳來跳去，那我可不樂見。佛伊柯斯，這裡需要暫時性的按壓，喏，內收大肌這裡。脛骨跟腓骨中間會往上接著一條大動脈，我待會兒切下去的時候，你得壓好這條股動脈。我見過埃及人進行這個程序。那就像在故意決堤前，先用水壩把河流的上游圍起來。總之行得通。你壓住這裡，這裡的失血就會減少，這樣我們就會有時間去完成傷口的閉合並纏上提供壓力的繃帶。」

「既然壓力這麼好用，那直接把繃帶纏在大腿上不是更快？」佛伊柯斯好奇了起來。

「那樣不行，你懂嗎？把繃帶或結紮線綁得過緊，下方部位就會莫名地壞死而後腐爛。這就是何以即便壓力是施加在膝蓋以下，我們最終還是會把繃帶用蓋的蓋上去，而不是緊緊地綁上去。」

希波克拉底的動作行雲流水，時不時會把刀子翻過來，藉以用纖細的刀把來挑開肌肉纖維，如此便可避免刀鋒直接將其劃斷。他其實並不真正需要佛伊柯斯，而也還好他不需要，因為佛伊柯斯正拚了命照希波克拉底的吩咐，把指節壓在大腿的止血點上。

當為了舒緩手肘抽筋而稍微鬆手時，佛伊柯斯便讓血噴得手術現場到處都是，而這也惹毛了希波克拉底，讓他噴了一大堆連珠炮似的髒話。學到教訓的佛伊柯斯開始左右手輪流出力，這樣止血點上就隨時都能保持壓力。其他的工人自動自發地組成了人牆來隔絕愈來愈多的人潮，大家伸長了脖子想一睹外科手術的實況。

「皮革。」希波克拉底要起了東西。他用嫌棄的表情望著遞過來的那張單薄玩意兒。「這是把廁所門簾剪一塊下來給我嗎？好吧，趁我用醋去沖洗傷口的時候，你去把那皮革刷乾淨，然後在比較乾淨的那一面上輕輕抹上蜂蜜。眼下也只能湊合一下了。」

「現在，這片繃帶要弄成杯狀，然後把它套進已經用皮革覆蓋住的殘肢上，像這樣。[1]蜂蜜可以防止傷口感染，只是傷口在癒合時會有超多膿，到時候我們會需要進行引流。

「再來，我們把傷口緊緊裹住，因為你知道步驟進行到此，腫脹的部分應該已經完全不見了。我們從這裡開始，這樣由下而上一層一層地綁，每次都要把比較低的那層蓋住一部分，這樣固定起來才會牢靠。切口分別在左右兩邊，所以每一圈的上下側都要沾一點樹脂——就是這裡跟這裡。如此一來繃帶就不會滑落。喔，那現在可以把石鼓移開了。像這樣。」

1作者註：時至今日，這仍被稱為是「希波克拉底式包紮」（Hippocrates bandage）。

截肢

古雅典人就跟其他多數的古希臘人一樣，都禁止解剖。所以他們多數的解剖學知識，都來自於沙場上被敵人劈開的屍骸。有心的業餘者會趁著整理戰場時，帶著劍去觀察這些遺骸。

清潔有助於防止感染是已知的事實，但古希臘人對是什麼造成感染一無所悉，也不知道要對醫療器材進行消毒。由此除非遇到本章這種非常特殊的狀況，否則大型的截肢手術幾乎是聞所未聞。通常不論傷得多重，古希臘人都會把四肢留著，然後靜待傷肢因為產生壞疽而自行脫落，而那也是他們比較期待的結果。至於這樣的做法有多高的存活率，如今已不可考。

希波克拉底起身弓背，卸除了各種裝備。他轉身對工頭說少年要麼會在一個小時內醒過來，要麼就永遠不會醒來了。在日落之前，工人們被告知只能讓他啜飲一些水。如果能順利恢復意識，他平常看的醫師就可以當他是負傷回來的重裝步兵照顧。希波克拉底指示工人在三天後開始更換繃帶，直到傷口看不出潰爛為止。如果傷口化膿，那他們得切開膝蓋上方的爛肉，最終下方的骨頭會與膝蓋分離。一開始的五天，少年得躺平，傷口處稍微墊高。一旦傷口不再流血，腫脹消退後，他就可以試著坐起。

希波克拉底指著一個瓶子，示意佛伊柯斯將溫水澆在他血紅的雙手上。這之後希波克拉底打發了工人們綿綿不絕的感謝。「很顯然，我的同事應該拿到應有的報酬。至於我嘛，就當這是我給這位少年雅典公民的贈禮吧。」（不同於佛伊柯斯，希波克拉底已經財務自由，因此對他來說，行醫真的是志趣而非生計。）

希波克拉底稍事歇息，用剩下的亞麻繃帶擦拭了雙臂。「話說，」他告訴工頭，「有件事還真可以勞煩你。趁著我們在清理，派個人去阿哥拉廣場的糕點攤跑個腿好嗎？就是在出口附近，鑄幣廠旁邊的那一攤。我們的蜂蜜蘋果派在剛剛的兵荒馬亂中不見了，可以幫我們再各買兩個嗎？」

(10:00–11:00)

第11章　日間的第五個小時

主婦幽會情人

雅典的遊客可能會以為高階政府官員的妻子可以免除像去取水這樣的庶務，但會有這種誤解，是因為遊客大多不明瞭雅典民主的運作方式。在其他地方，市議員往往是家財萬貫的貴族而且交遊廣闊，但在雅典，市議員只需要你是男性公民而且還有脈搏。

雅典人會輪替著肩負公民的職責，所以終其一生，幾乎每個男性公民多少出任過公職。作為雅典議會決策火車頭的「布爾」（boule）裡有五百個席位，所以亦稱「五百人會議」，而其成員會以年為單位新陳代謝，規定是一年一任且不得連任。布爾的成員一般都有頭有臉，且通常會另外被舉薦到眾多市政委員會中的其中一個去監理雅典的政務，包括控管城邦的日常運作、監督其他國家官員、確保撥給海軍或公共建設等名目的預算有被善加利用。

泰梅兒的丈夫人在起草外交政策決議案的委員會裡。這些決議案會被呈交給雅典議會，在議會上進行辯論，然後——順利的話——經由表決通過而成為法律。所以雖然泰梅兒的丈夫賴以為生的職業是個中下階層的房產管理員，但此刻他也在形塑著對雅典而言舉足輕重的政策。而就在他這麼做的同時，泰梅兒要負責取水。

典型的雅典家戶的用水量可不小，這包括他們打掃、盥洗及料理三餐，樣樣都需要水。而相對於有錢人家會在天井裡有自家的噴泉，雅典普羅大眾使用的是被分散到各公共水舍的泉水。除非腦袋壞掉，否則不會有人去一進到雅典就變成露天下水道的那條小溪埃里達努斯（Eridanus，本意為河流，一譯「波江」）取水，那兒的水髒到連牛都不喝。

取水，是泰梅兒與家中僅有傭人分攤的工作。老實說，雖然用來取水的海德里亞瓶重到像是在懲罰人，但泰梅兒還挺喜歡這項家務，因為她可以趁取水去外頭透透氣。丈夫寧可泰梅兒當個大門不出二門不邁的居家貴婦，她只有在偶爾遇到的宗教慶典或有人隨行保護的狀況下，才能全身包緊緊地離開家的範圍，到其他太太們的家中社交。

好消息是家庭中的「女力」匱乏，使得泰梅兒有充分的理由去採買、丟棄廢物，還有一定要的取水。於是乎，她跟傭人佛圖伊絲帶著她們空空如也的海德里亞瓶，加入了在恩尼克魯諾斯噴泉處的排隊隊伍。或許是因為這水源自狄蜜特（Demeter）神廟的地底，所以恩尼克魯諾斯的聖水總是又甜又純。今天的排隊人龍算短，只剛延伸超過劇場的狄奧尼索斯雕像而已。

數代人以前，在恩尼克魯諾斯噴泉處把海德里亞瓶裝滿的過程會變得簡單，得感謝當時的雅典暴君庇西特拉圖（Psistratos），是他分九個取水處將泉水引入。

在她選擇的取水處，泰梅兒會把握機會與也來裝水的朋友談天說地。

從這些朋友處聽來的新聞，反映了「得體」雅典主婦僅有的圈圈是個多小的世界：各個編織計畫的進展，還有某個女孩又懷孕了幾個月。泰梅兒最近去了一趟阿哥拉，她在朋友欣羨的眼光中講述著自己逛到的香水有哪些、首飾有哪些，布料又有哪些。

一如她多年來已經習慣的做法，泰梅兒把新鮮的葡萄藤葉鋪在瓶內清水的表面，然後一鼓作氣，順暢而熟練地把沉甸甸的容器舉到頭頂（葡萄藤葉的作用是讓水保冷，並阻絕外界的灰塵與砂石）。如今看來已經完全復原的女僕也做了相同的事情，數日前她嚴重吃壞肚子，結果就是泰梅兒得為了取水而一人跑兩趟，而且一路都沒有人陪。

眼看就要到家，泰梅兒開口說道：「佛圖伊絲，等會兒把妳的水倒進水槽，然後跟我拿錢去買菜。我需要雞蛋、起司和橄欖。蛋去找阿麗色，那個在自家花園養雞的女人——她賣蛋有打折。山羊起司去墨涅斯透斯英雄祠（heroön of Menestheus）一旁狄奧芬妮的攤子買一整塊，他們家的起司我老公最愛。」

女僕垮了張臉，但遭到泰梅兒的無視。去南轅北轍的兩個地方買東西，回來起碼都午餐時間了，更別說那還會耽誤到身為僕役的其他工作。泰梅兒顧不了這麼多。有兩個小時的時間她老公會在五百人會議辦公，而家僕會在鎮上的另一頭，而這就代表她會在家中獨處——嗎？如果那名俊俏的陌生人說話算話，那她就會有人陪，有個不合法但很可口的小壞蛋陪。

她好奇著他的身分，這名看似無憂無慮，一派輕鬆中充滿魅力的金色少年。身價不凡這點無庸置疑，不然他絕穿不起那上好布料做的外衣，殊不知縫線上那金色的小蚱蜢，已經說明了一切。重點是他還是個登徒子，竟敢在小巷裡主動勾搭從水泉獨自返家的她。

換作是其他的女子，可能早就喊救命了，又或者也可能一聲不吭地裝起啞巴。雅典人總愛說從來不被人提起的女子，才是最受尊敬的女子。不論是褒是貶，都沒有女人希望成為眾人的焦點。但泰梅兒不光是沒叫救命，她還非常熱切地迎合了上去。她已經好多年沒有遇到這麼刺激的事情，她

雅典女子的陶俑塑像。

都快無聊死了。

就跟很多雅典女孩一樣，她十五歲就嫁給了年齡兩倍於她的男性。以丈夫而言，他是個好人吧，她心想。由於泰梅兒家裡跟具貴族身分的腓拉埃烏斯（Philaidae）望族是遠親，因此她丈夫接受了金額比較低的嫁妝。對於要把三女兒嫁出去的家庭而言，嫁妝的壓力減輕還是很有感的。

泰梅兒跟老公同床，但他對床笫之事並不怎麼熱情。在得不到滋潤的三個年頭後，她很失望地明白了受孕將會是場勝算不高的長期抗戰，但泰梅兒是真的很想當媽。她並不會自欺欺人，她就是覺得比起織不完的布、煮不完的飯，還有跟陰沉的佛圖伊絲一起做做不完的家事，養育兒女總可以讓她有點消遣。

她的丈夫經常晚歸——通常都要等到天黑——然後在他默默吃完晚餐後，夫婦倆才會一同就寢。泰梅兒確定他在外頭有情婦，而且那應該是個與他年齡較為相近，可以陪他說說話的女人，而這都是泰梅兒因為代溝而做不到的事情。但除此以外，這丈夫既不會對她動粗，給起家用也相當大方。所以泰梅兒應該覺得自己很受老天眷顧了吧，然而並沒有。

而現在竟然有人看上了她——她為這個荒唐的想法顫動了一下——更看上了她的身體。還沒出嫁時，她沒少聽到人奉承她是個十分標緻的姑娘，只是在遇上現在這名閃閃發光的陌生人之前，她做夢也沒想到有人會真的色膽包天到對已婚婦女說出同一句話。

懷著生氣勃勃的期待，她在街道兩端來回張望。還沒有人出現。在她所居住的雅典林奈（Limnai）區，街道可以說既狹窄又蜿蜒，所以泰梅兒安慰自己說陌生人可能在視線外徘徊。就在她等得不耐煩的同時，佛圖伊絲推開了厚重的前門，踏進了小小的天井庭院。

她眉頭深鎖地，想像著陌生人會怎麼看她家的天井。其中一角有座小小的聖壇，裡頭供著凋萎的花朵，另外一角則是她丈夫剛宰了頭（羊肉纖維很韌的）山羊當牲品的地方，如今那兒髒得上頭停滿了蒼蠅。一尊大雙耳壺，功能是承接從屋頂瓦片上流下的雨水，基本的居家工具則懸掛另一面牆上。

僅有的綠意，來自於樓上有遮蔭的陽台，那而有在泰梅兒的安排下，沿牆往下生長的葡萄藤。那些葡萄藤的狀況很差，主要是泰梅兒習慣在從事園藝工作時不戴帽子，而她丈夫老為了這一點唸叨她。他說曬得太黑，會讓她看起來像個妓女。於是泰梅兒只要在外頭整理葡萄藤，哪怕是超過幾分鐘，佛圖伊絲就會去跟男主人告狀。

進了屋子，她左手邊有個寬敞的區域擺著兩張椅子跟長長的矮桌，那是她丈夫非常偶爾地宴請賓客的地方。平常他們吃飯是在兼為廚房的小房間裡。泰梅兒走上了一道狹窄的階梯；他們的主臥室在左手邊，臥室旁邊的木門裡則是一間單人房，而且這房間還有一個挺響亮的名號「女室」（Gynaikeion），也就是女人專屬的空間。

這房間的良好採光來自於打開就是陽台的幾面大窗，裡頭最有存在感的擺設是一台直挺挺的織布機，泰梅兒就是在這裡在佛圖伊絲的協助下，大半天織布織個不停。角落一大團還沒處理過的羊毛，還有待佛圖伊絲扔進水缸（這也是居家的一個用水項目），紡成毛線，綑成一顆大羊毛球，然後再由泰梅兒織成一件十足體面的斗篷。地板上躺著一團糾結著的羊毛線，那是因為泰梅兒在好幾層之前織錯了地方，所以不得不一路往回解開到她錯誤的起點。

泰梅兒撿起了一支被丟棄的「下降（式）紡錘」。雅典人還沒有發明出輪狀的手紡車，所以紡線靠的就是下降紡錘，這是一種把圓形而帶重量的陶螺（whorl）裝到短木桿的底部，而製成的工具。雅典婦女會把生羊毛綁到陶螺上，就這樣紡起紗線。陶螺可以把羊毛拉伸成紗線，然後紗線會一圈圈纏繞在紡錘上。想紡出恰到好處的羊毛線，需要經驗，但這難不倒年復一年都在練習的泰梅兒。陶螺如今在她手裡，已經能看到師傅級的腕勁，而且這還不妨礙她兩眼朝著天井的前門死盯。

「某個神明往我內心呼了一口氣，讓我想到我應該在廳堂裡架設一台大織布機，並開始編織一件袍子。我所編織的布料用上了最上等的羊毛，而且成品非常開闊而大氣。布料一織好，我就立刻開口說道：『追求我的年輕男子，請別猴急。』[1]我應該要有耐性嗎，潘妮洛普？」

那聲音溫柔到泰梅兒幾乎快要聽不到。她一躍而起轉過身，紡錘隨手落地。那黃金一般的陌生

1 作者註：荷馬史詩《奧德賽》卷十九第一三八行。潘妮洛普是奧德修斯闖蕩在外時，忠貞不二的妻子。

人就在她的身後，臉上掛著一抹微笑。「喔，你是怎麼進來的？」

陌生男子笑出了聲。「我走小巷、爬後牆，快速掠過屋頂，然後降落在陽台上。我在這裡等了好久，也渴望了妳好久。」

除了丈夫，泰梅兒從未與男性如此近距離。即便在冬天，她丈夫身上也嗅得到微微的汗酸味，但這個男人卻聞著有檀木那種深深的牛奶香味。在她四處探索的雙手之下，他堅挺的胸肌與腹肌充滿了線條。泰梅兒覺得自己跟背叛丈夫阿加曼農的奇女子克呂泰涅斯特拉（海倫同母異父的姊妹）一樣壞，但這種背叛感覺又是出奇的好。

「來吧，」她慫恿著，「我們時間不多。」

陌生男子欲迎還拒地，挑逗著泰梅兒。「但妳老公怎麼辦？萬一他突然回來把我們捉姦在床，他可以依法將我當場斬殺。」

想到她那恐怕只打得過一盤豆子的老邁丈夫要對情敵不利，讓泰梅兒噗哧了一聲。對上她此刻身邊的猛男，她老公一點機會都沒有。

「你還是擔心一下蕪菁吧。」她笑說。

雅典對於通姦者的傳統懲罰——大門不出二門不邁的泰梅兒自然沒有親眼見識過——是把姦夫拖到阿哥拉廣場，用熱灰燒掉他睪丸上的毛，然後對他施以一種叫做「拉法尼多西斯」

（rhaphanidosis）的雞姦刑罰，具體而言就是用蕪菁插他的肛門。這麼做不僅會造成劇烈的痛楚，還會在人身上留下難以痊癒的後遺症。

> 萬一屁股被插進一條蕪菁……然後被熱灰燒掉他的卵毛，那可該怎麼辦？他該怎麼為自己辯護，才能不讓自己的肛門開花？
>
> 阿里斯托芬《雲朵》第 1083–1104 行
>
> 勾引，比強占更惡劣。
>
> 雄辯家呂西亞斯（Lysias）
>
> 《論埃拉托色尼的謀殺》（*On the Murder of Eratosthenes*）第 32-33 節[2]

但陌生男子並沒有被蕪菁嚇退。對於他能不費吹灰之力把她從希頓長袍（chiton）中抽出來，泰梅兒微微的覺得他挺了不起，但也沒有真的多吃驚，畢竟他看似在這方面身經百戰。但話說回來，這是她特地為他精挑細選最美麗的一件衣裳，任由其這樣皺在木地板上，看了總是難受。她將之撿起掛在織布機上，然後輕輕地讓自己躺在了地上，滿心期待地回眸一望。

勾引，雅典律師主張，是比強占更大的罪行，他們會這麼認為，是因為強暴的傷會好，但勾引卻有可能讓女子與丈夫破鏡難以重圓。當然啦，雅典的律師清一色都是男人，所以他們不太可能親身體驗被強暴的痛苦，他們一天到晚擔心的只有妻子會不會紅杏出牆。

已婚的雅典男性可以合法地爬到妓女的床上去，也可以隨意與他喜歡的任何情婦發展長期的婚外情，只要對方不是有頭有臉的雅典女性公民就行。但是反過來說，雅典女性哪怕不過是親吻了一下不是她丈夫的男人——即便她還未婚所以根本沒有丈夫——就觸犯了「通姦罪」。按照這種超嚴格的標準，泰梅兒儼然就是通姦的現行犯，而那也就是何以她要讓自己可以隨時看到有沒有人從天

2 作者註：這嚴格來說不是真正的引用，而是一篇長文的極短篇摘要。人夫尤菲里托斯（Euphiletos）在謀害了埃拉托色尼（Eratosthenes）之後，正努力想要在陪審團前為自身的行為辯護。尤菲里托斯宣稱埃拉托色尼與自己的妻子有染，而且被他捉姦在床，所以他才合法地殺死了對方。埃拉托色尼的家人則駁斥這說法是尤菲里托斯用來遮掩其謀殺罪行的謊言。尤菲里托斯說通姦比強暴更惡劣的立場並不客觀，畢竟他曾在法庭上主張「我殺人是在懲戒姦夫」。

井的前門進來。

娼妓供歡愉；小妾供洩慾；妻室供合法的子嗣延續。

迪摩西尼（Demosthenes）對女性的分類

完事後她倒了碗香水到碗裡供兩人清洗並大致把儀容整理好。一如在前戲與正事中的表現，她的情人在事後表現出了一貫的熟練與俐落。泰梅兒還來不及把希頓長袍抓在手上，他就已經穿回了衣服，隨時可以閃人了。他環顧了房間四下最後一眼，看看有沒有落下任何會露出馬腳的破綻，然後就好像泰梅兒根本不存在似地溜到了陽台上。

眼看著他已經靠著臂力上攀住一道屋椽，下巴以上還看不到了，她趕緊問了一聲：「我以後還見得到你嗎？」泰梅兒其實不太確定自己期望聽到什麼樣的答案。陌生人重新放下了身體，露出了臉部，這讓她又有機會欣賞到他魔鬼般的黝黑二頭肌，還有天使般的微笑。

「見不到。」他說。然後就消失無蹤了。

摘自普魯塔克所著：《阿爾西比亞德斯的生平》

8.9 希帕里特是個端莊而熱情的妻子，但她非常不滿於丈夫（阿爾西比亞德斯）跟雅典或異國的戀人廝混。由此她離家出走，搬去與其兄弟同住。阿爾西比亞德斯對此無動於衷，還是繼續恣意妄為。最終她出於不得已，只能向雅典官員訴請離婚。

23.7 趁著（斯巴達）國王亞基斯（Agis）征戰在外，阿爾西比亞德斯勾搭了他的妻子蒂瑪雅（Timaea）。她因此身懷六甲，且毫不諱言孩子的父親是誰。孩子出世後，她會在大庭廣眾前稱呼他列奧提齊德斯（Leotychides），但私底下在友人與僕役之間，這名母親會直呼孩子「阿爾西比亞德斯」。

39.5 阿爾西比亞德斯可說是自掘墳墓。他勾引了一名出身望族之女，並使其搬來與他同居。女孩的兄弟們氣憤難平於這種傲慢無禮，深感受辱的他們於是趁夜燒了他的住屋，並趁他衝出來的時候送他上路。

(11:00-12:00)

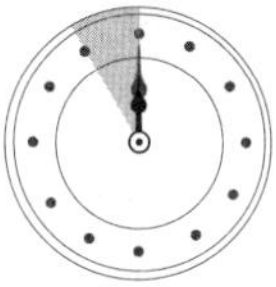

第12章　日間的第六個小時

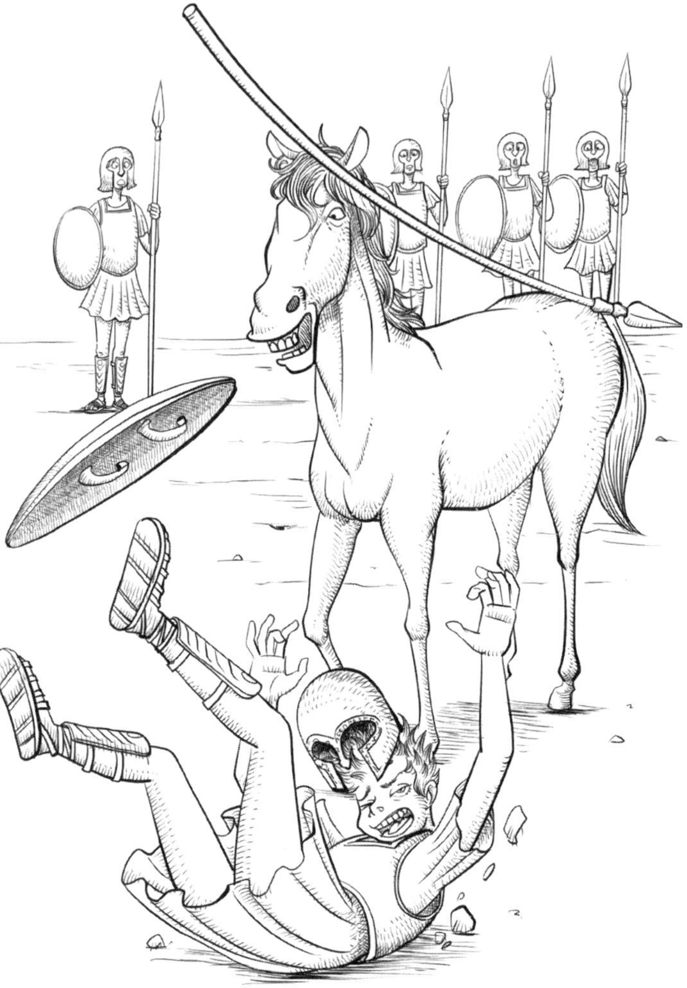

在一旁看戲的馬兒突然決定自己不想陪這些人玩撐竿跳的遊戲，為此牠俐落地側行了一步，麥斯希涅斯就重重地摔在地上，頭盔敲在地上發出巨大聲響。

騎兵隊長檢閱部隊

騎兵指揮官研究著他面前十名青年騎士，嘗試把一種他其實感受不到的可靠感投射到他們身上。這些年輕人還遠遠不是萬事俱備的騎士，但能養成他們的時間也不多了。他現在有點後悔自己幹嘛多嘴。一個月前，正是他向軍事財務委員會表示說雅典若想另行籌建一支騎兵部隊，時候到了。

騎兵在雅典很受看重。在近期的戰事中，斯巴達人席捲了阿提卡的平原，而其間雅典的民兵只能躲在堅實的雅典城牆後（正規軍在色雷斯作戰）。這雖然讓他們免於遭到斯巴達的重裝步兵屠殺，但看著自家的農場與果園被燒個精光，心裡也真的是血一滴滴在淌。

在這樣的過程中，只有騎兵幾乎每天早上都會出城去，在能力範圍內以打帶跑的方式與斯巴達短兵相接或從事突襲，你可以將之想成是馬背上的游擊戰。

這麼做之所以具有可行性，是因為斯巴達固然有舉世無雙的步兵，但他們的騎兵只能算是勉強過得去。雅典的駿馬隨隨便便也能跟斯巴達的騎兵打個平手，而這還沒算進前者的盟友——斯基泰的馬弓兵與色薩利（Thessaly）的騎兵（色薩利是全希臘最負盛名的騎兵產地，所以雅典騎兵的行頭裡經常看得到來自色薩利的裝備）。

這是一個新的單位，其成立的目的是要補充因為年紀、疾病與其他因素而耗損的兵力（其他因素也包括貧窮——雖說國家會補貼一點騎兵的費用，但他基本上仍得自行負擔大部分的支出。最少兩匹馬的食材與馬廄，就已經不便宜了，更別提他還得養一名馬夫）。

兩百名馬弓兵不算，雅典共有一千名騎兵。站在這些騎兵頂點的是兩名名為希帕契（hipparch）的騎兵司令，其下各有五名名為費勒（phyle）的中間幹部，而這些費勒底下又有共十名名為費拉契（phylarch）的中隊長——像這裡的騎兵指揮官就是其中一名——每一名費拉契會指揮一支共十名騎兵的中隊。

在依照法律規定取得五百人會議的許可後，中隊長就立刻著手為他的中隊徵兵，而他找人的方向是看財力與體力。大致上來講，他找人是透過勸服而非逕行徵召。事實上有不少人會豁免於兵役的，是因為在中隊長的慫恿下，他們去申請了法院的判定。這麼做的好處是讓公正不阿的法庭認定某人體格不及格，免得被人懷疑是中隊長拿了錢才讓人免役。

新入伍的騎兵都很年輕，所以要說服的是他們的雙親或監護人。「你看，你兒子有潛力成為一名出色的騎兵。反正你繳的稅裡也有養騎兵的費用，那幹嘛不讓你兒子去騎那些馬呢？而且有了國家配的馬，你兒子就不用花大錢買自己的坐騎了。再者他當了騎兵，你也就省下了請馬術教練的錢，我會替你訓練好的。」

名為希佩斯（Hippeis）的騎士階級

雅典騎兵既是軍事單位，也是社會上一個特殊的階級。這個階級對雅典的民主抱持一種深深的懷疑，當中許多人都懷念著貴族當家而佃農不敢僭越身分的「美好往日時光」。

在伯羅奔尼撒戰爭以雅典戰敗作收之後，斯巴達人以征服者的身分建立了寡頭政治，而這也讓騎士階級逮到了機會。但隨著寡頭政治慢慢變化成獨裁暴政，騎士階級在西元前四〇四年被民怨激起的草根革命推翻，該階級原本享有的崇敬也大抵消失。

總之，靠著甜言蜜語與拐彎抹角的施加壓力，中隊長好不容易湊成了他的十人部隊，接下來的工作就是訓練這些菜鳥，讓他們為接下來的大遊行把自己準備好。節慶時要出來表演，是社會大眾對騎兵的期待。在大狄奧尼西亞節的遊行上，騎兵中隊長會帶隊偕雅典的其他騎兵一起演出，並讓他為了籌募與訓練部隊所付出的心血與花費，在眾人面前展露無遺。他圖的，是同為雅典公民者的認同與讚許。

年輕的騎士在他面前排成一條談不上整齊的直線。左手邊，年輕的卡利克雷茲怎麼會一雙腿如此僵硬——繃成這樣的他要是撞上什麼，免不了要骨折。麥斯希涅斯把韁繩握得太高了，也太緊了——要是馬兒突然低頭，他肯定會被扯下馬來。在此同時，色諾芬騎在馬上就像坐在椅子上似的。這要是平民百姓就完全沒問題，但騎兵必須要夾緊大腿，把上半身挺起來，因為只有這樣，他們才能揮劍或擲槍而不至於墜馬。中隊長很努力地把氣嘆在內心。

他指了指一根根荷米斯胸像方柱的方向。「各位——那就是狄奧尼西亞慶典遊行的起點。」（荷米斯胸像方柱是一種頂端是荷米斯胸像，其餘部分幾乎都是平面的石柱。會說幾乎，是因為在約當鼠蹊部的高度，石柱上會赫然冒出勃起的陽具造型。有時候參加完慶典要離開的人，會把花圈掛在石頭陽具上，而且這一掛還可以掛不少，因為從彩繪柱廊延伸到皇家柱廊，整整有兩排荷米斯胸像方柱。）

「到時候當眾家戲劇合唱團在十二神壇前表演他們例行的舞蹈時，我們會上馬繞行阿哥拉廣場，對一座座聖壇與雕像致敬。

「等繞行完畢後，我們會以最高速馳騁到伊琉希恩。」[1] 他這指的是延伸至衛城西麓為止的一片平原。「我們以一批一百人為單位結伴進入。如同在實戰中，你們前面會有老將當先鋒，後面會有老將殿後，所以你們的工作就是隊形不要跑掉。再來我們會分成各五百人的兩路縱隊，來進行前往呂克昂體育館的遊行。

「以上我們不用擔心——只要你們記得在跑馬的時候把身體重心往後放，其他都不需要動太多腦筋。現在我們要做的是練習撐跳上馬，然後再去體育館練習擲標槍。上馬與擲槍是你們最可能摔個大馬趴，讓我跟你們自己顏面無光的兩個瞬間。

「下馬！準備接受校閱！」

中隊長並不擔心裝備本身會出太大問題——畢竟這些人在雅典都是一等一有錢人家的少爺，他們的馬具一定都很頂級。樣式倒是無法統一，因為騎兵本就沒有標準的制服。十之有六的人會穿戴維歐提亞的頭盔，而這讓中隊長甚是滿意，因為這些金屬頭盔的原型是一種風行於雅典的布帽，因此可以同時抵禦陽光與投射式武器。這些頭盔完全不會遮擋視野（這對多於開放平原上作戰的騎兵來講很重要），並能讓穿戴者清楚地聽到指令。

其餘的人穿的是弗里幾亞式的頭盔，但同樣被歸為弗里幾亞式的頭盔之間會有一些差別。沒有

1 Eleusium，最早以衛城為中心，由忒修斯集結成雅典這個城市的四個村落之一，另外三個是西哥羅佩（Cecropia）、赫利孔（Helicon）與梅利特（Melite）。

兩頂弗里幾亞式頭盔會完全相同，重點是它們都要有由高點向外呈現斜坡的側邊，藉以讓由上而下的攻擊被頭盔撥開到騎士那厚重的墊肩上。這些墊肩裡鋪的是亞麻胸甲。中隊長欣賞亞麻胸甲的重點在於其輕量且有彈性。顧名思義，亞麻胸甲就是以亞麻作為主體，一層層用膠使其硬化的胸甲。相較於青銅胸甲，亞麻胸甲也比較涼爽——而這一點也是個很重要的考量。騎兵真正戰鬥的時間很短，但卻花很多時間在希臘烈日下滿身大汗地騎馬。

名為「科皮斯」（kopis）的反曲彎刀幾乎人手一把，而這也不令人意外，畢竟這些新人的父親都是騎兵出身，所以很清楚什麼武器最能派上用場。唯一的例外是年輕的阿波羅達圖斯，他的佩劍是名為「西佛斯」（xiphos）的直短劍。中隊長拔出了他開山刀風格的反曲彎刀，然後輕聲細語地給了菜鳥騎兵建議：「換掉直短劍。馬上作戰的王道是砍劈而不是突刺。」

他反手揮出了一刀，將途經的空氣一刀兩斷，也給了新兵一個很好的示範。那氣勢讓新兵們不由得往後一閃。大家凝重地意識到在未來的幾年裡，他們得經常與這樣的刀鋒有更近距離的接觸，且至少有兩到三個人會在那過程中一命嗚呼。

這些年輕人處於被稱為「埃菲比」（ephebe），屬於十八到二十歲的男性青年。幾個月前在阿提米絲的神廟裡，他們一起許下了莊嚴的誓言，由此他們將永遠不拋棄自己的武器或同袍，會捍衛雅典到最後一口氣，還會盡一己之力讓雅典在他們死前成為一個更好的地方。秉持著這樣的情操，他們此刻展開了軍事訓練，這是因為對於每個四肢健全的希臘男性而言，戰爭原本就是生活的一種日常。

因為訓練才剛開始，所以這些十八歲的新兵將趕不上眼看就要出發，雅典對西西里島的遠征。相對於此（並讓他們母親鬆了口氣）的，是新兵部隊會進駐阿提卡各村鎮或要塞的軍營，並在那些地方藉由觀摩並模仿屆退資深騎兵的表現，來持續累積騎兵的素養。在為期兩年的埃菲比階段完成後，他們將會成為真正的雅典男兒，並被賦予雅典公民整套的特權與責任。

眼下，菜味十足的騎兵新生既驕傲，又緊張，還因為被阿哥拉廣場上的路人猛瞧而有點不好意思。

「別受他們影響。」中隊長說，「但也別忘了他們的存在。身為騎兵的一員，你們是雅典之光。要對得起這份驕傲。」

「色諾芬——上馬。」

一名騎兵帶著一張下半部是鬍子與青春痘之戰場的青澀臉龐（目前占上風的是青春痘），把手伸向了馬轡。馬兒哼了一聲並退了開來，逼得色諾芬不得不從戰甲下方掏出一根胡蘿蔔。

「很好。」中隊長教官點了頭。「你得給牠一個理由願意讓你上馬，食物就是其中一個選項。好，去吧，騎到馬背上。別東張西望地想找踏墊，用你的長槍把自己撐上去。」

帕德嫩神廟浮雕上的雅典騎兵。

那支長槍就在色諾芬的身旁，被用槍屁股上較小的副槍頭插在土裡。名為「緒斯通」（xyston）的希臘式長槍是真的長，放直了幾乎有兩個色諾芬疊起來一般高。這是雅典騎兵的主要武器，除了如同一般的槍拿來突刺，還可以當成標槍投擲。至於緒斯通在此處的第三種用途，就是讓要上馬的騎兵可以「撐竿跳」。

「各位男士，撐跳上馬的技術救過多少人的命，我已經數不清。你們應該都看過吧，像這樣，拉開個三步的距離……」話聲未歇，隊長已經奔跑向前，手握槍身接近頂端的地方，在飛跨出一隻腳的同時順勢扭動身軀，砰一聲跨上他的駿馬坐騎，然後運用恰到好處的腕力將長槍從土裡拔起，槍尖最終停止在兩隻馬耳朵中間，不偏也不倚。

撐跳上馬所象徵的，是騎兵能在五秒內從步兵變成馬上戰鬥機器的能力。假如今天有一支科林斯的騎兵中隊突然現身於騎兵營上方的山脊，你真的沒有時間看一堆人在那裡找腳鐙上馬或是你扶我我扶你，等這樣弄好敵人都殺進來了。

另外，由於希臘的馬是沒有馬鐙可以踩的，所以萬一在戰鬥中落馬也不是很稀奇的事情。訓練有素的戰馬會在原地等待騎兵重新上馬，但騎兵唯一的機會是撐跳上去，否則他在馬下將不會太長命。

年輕的色諾芬深諳這些道理，也在父親農場的畜欄內苦練過一番。但私下練習是一回事，在眾目睽睽的阿哥拉廣場上做給新隊長和同袍和半個世界看，又是另外一回事。他小心翼翼地調整了佩劍腰帶上的綁帶位置，拉出了三步的距離，把槍尖朝地上一插，然後試圖將身體撐高。沒想到，槍插下去的土裡藏著一顆石頭，結果槍尖一打滑，色諾芬從兩英尺高的空中落到地面，摔了個四腳朝天，武器也掉得滿地都是。隊上其他人愛莫能助，只能一個勁地憋笑。

所幸實事求是的中隊長沒有落井下石。「這就是對土地狀況不熟悉會發生的問題。在馬廄裡，你一手掌握土哪裡軟哪裡硬。但遇到陌生的土地，你只能一翻兩瞪眼地賭一把。好吧，誰去扶他一把。我再說一次：先插穩槍、然後加速，握住槍身高處，然後把自己甩到馬上。還有人想試試看嗎？行，麥斯希涅斯，你上。」

色諾芬

色諾芬確切的生日，沒人說得準，但西元前四一六年的他確定是個青少年。他有一位富有且也是騎兵成員的父親，而這也讓我們可以合理地確定色諾芬在成為騎兵的初期，過的就是本書在此所描述的日子。

色諾芬成名於他被某波斯僭越者招募為傭兵，想要推翻波斯國王的時候。那場政變以失敗告終，結果導致色諾芬與其他上萬名希臘兵力受困於現今伊拉克的深處。希臘雇傭軍受邀派領導階層去進行和談，結果受騙遇害，而這陰錯陽差地導致色諾芬成為了希臘軍的指揮官。在他的帶領下，希臘軍穿過了惡劣的地形，來到了黑海的沿岸，這趟史詩般的脫困之旅，史稱「萬人長征」（Anabasis）。

色諾芬以此為題寫下了《長征記》，乃至於其他的許多作品，是在他遭雅典放逐並成為（他深深崇拜之）斯巴達座上賓的時期。色諾芬所述自伯羅奔尼撒戰爭以降的斯巴達史，至今仍透過其有著明顯立場的《希臘史》傳世。

麥斯希涅斯是個壯碩自信，不需要人在後面慫恿的年輕人。他二話不說退了三步，用長槍把自己甩到了馬兒不久前還在的地方。原來如今翻了個白眼在一旁看戲的馬兒很有個性，牠剛剛突然決定自己不想陪這些人玩撐竿跳的遊戲，為此牠俐落地側行了一步，麥斯希涅斯就重重地摔倒在地上，頭盔敲在地上發出巨大聲響。為了這不用花錢的餘興節目，旁觀者中爆出了歡呼與掌聲。

中隊長怒瞪了一眼不請自來的觀眾，然後繼續對新兵耳提面命。「對於要接觸自己的馬匹，你要去注意牠的反應。不少馬若預期到苦差事要來了，也是會逃避的。你必須把坐騎訓練到會站在那兒等你上馬。否則遇到生死交關，不聽話的馬就跟叛徒沒兩樣。色諾芬，你當我的模特兒，我們一起慢慢來走過一遍。

「首先，在對馬還沒有全盤的把握前，用左手握好馬的牽繩，而牽繩的另一頭要繫在馬轡的下巴綁帶上或鼻環上。不要把繩子拉得太緊，像這樣。你不會想在上馬的時候拉扯到馬兒的頭，但也不能鬆到牠可以向側邊退一步，而讓人像剛剛那樣出醜。

「起跳之後，用左手把自己拉高，同時打直膝蓋把腿跨過去，不要碰到馬背。腿過了以後，在要坐上馬背時把自己的屁股夾緊，不然那痛可有你受的。等一下我們會練習從你不習慣的那一側上馬，這種能力永遠是有備無患。

「現在我們休息吃午飯，也讓這些無聊至極的小農去找點正事幹，不要在這裡傻盯著我們看。」

《騎兵的指揮官》與《騎兵之術》

本章大部分的內容，都出自兩千四百年前的兩部作品，而作者正是故事中那名叫做色諾芬的年輕人。當然寫出這些東西的，都是經過時間淬鍊而變得更有智慧的色諾芬，只不過你仍毫無疑問地能從他的字裡行間，讀到許多身為埃菲比時在雅典領受到的教誨。

前面提到徵兵的技巧、盔甲、武器的部分，是色諾芬親筆所述，就像大狄奧尼西亞節的遊行部分也在色諾芬的著述中出現過，而且比起本書在此受限於篇幅，色諾芬的描述還要詳實細緻許多。

撐跳上馬的技巧有色諾芬的原文作為依據，但也補充了現代人重現該技巧時的血淚心得。

(12:00-13:00)

第13章　日間的第七個小時

議員午休吃飯

在緊繃了一上午後，五百人會議的成員很樂於有機會可以伸展一下腿腳，四處晃晃，並與其他人交換意見以對議題的進展有更好的掌握。內里西烏斯的如意算盤是在午後議程前溜去跟情婦吃頓琴瑟和鳴的午餐，但今天他顯然沒有這個福分。議員們今天要開工作午餐會，屆時內里西烏斯起碼有段時間，得跟要命的克里提亞斯共處一室。

不擔任五百人會議成員的時候，內里西烏斯會在鄰近的尤比亞島照料腓拉埃烏斯家族的廣大牧地。那個家族的許多人都與貴族成色十足的克里提亞斯為友（克里提亞斯的一名先祖是偉大雅典立法者梭倫的好友，而克里提亞斯也總是愛把這件事掛在嘴上）。內里西烏斯不得不在克里提亞斯的面前賣乖，但他其實更想抹在克里提亞斯臉上的是午餐的萵苣蛋沙拉，而不是他一邊假裝聽得懂克里提亞斯在言談中掉書袋，一邊硬擠出來的笑臉。

「我能體會你對遠征西西里島的疑慮。」克里提亞斯往內里西烏斯身旁的長椅上一坐，說道。「這顯示不論是透過抽籤或經由選舉，大家都能擔任公職是正確的做法，但你抱怨的會不會只是阿爾西比亞德斯看似要領軍？畢竟他確實有這樣的資格。」

他身在五百人會議當中，宣誓為議員。由此他負有義務要依法對事物提供個人的意見。

色諾芬的《回憶蘇格拉底》卷一第一章第十八節（*Memorabilia*）1.1.18

內里西烏斯滿嘴都是沙拉，所以一時回不了話。不過其實也沒差，因為克里提亞斯只是想高談闊論，別人的回應他也不是太在意。「我是說，平民百姓一般不會要求分享帥印或騎兵的指揮權，畢竟這些都是攸關國家安全的職務，不能輕易交給不適合的人選。以你們的『身分地位』，還是會比較喜歡領薪水的工作吧，不是嗎？」

內里西烏斯聽到他提到「身分地位」，嘴裡的萵苣便嚼得更用力了。他嚥下菜，禮貌地表達意見：「把這座城市撐起來的骨幹，就是『那些身分地位』的人——槳手、舵手、船匠，還有哨兵。比起貴族，甚至比起重裝步兵階級，這些人才真正是這座城邦的力量來源。所以我想讓他們都能參與國家大政的決策，也是剛好而已。」內里西烏斯本人就屬於重裝步兵階級，但他並沒有無聊到去強調這一點。

把脾氣控制好，對內里西烏斯而言利大於弊，畢竟他們如今坐在行政園區裡，公民議會廳旁邊的圓頂餐廳外，而晨間的論辯才剛於議會廳裡進行過。他坐在靠著圓頂廳牆壁的長椅，向前望去就是阿哥拉廣場。內里西烏斯原本是可以在圓頂廳內用餐的，畢竟室內有體面的餐桌可用，但微微的清新海風吹散了早上的雲朵，讓平日的城市臭氣中摻入了鹽與海草的味道。明亮的陽光、新鮮的空氣，還有熙來攘往的市集活力，都讓習慣了和緩鄉村生活的人覺得興味盎然。眼前每幅光景都討他歡心，只有克里提亞斯讓他犯噁心。

「嗯嗯，遊客最覺得有趣的也就是這一點。他們沒想到在雅典，得到比較多的反而是那些身分最下等，經濟最窮困的人。這就是為什麼出了雅典，各地的菁英都反對民主制度。在我們貴族當中，你會看到鋪張浪費跟不公不義被壓到最低，會看到眾人用最大程度的謹小慎微去做對的事情；在普羅大眾間，你會看到看不盡的愚蠢、脫序與狡詐。貧窮體現在他們身上，就是人的目不識丁與愚昧無知。」

克里提亞斯對於遠征西西里的支持，在早上的議程中被轟得灰頭土臉，他內心顯然還在淌血。

「所以你的意思是，我們不該讓每個人都進議會服務，或是讓議會裡的每個人都平起平坐嘍？」內里西烏斯盡可能收起了問題中的鋒芒。他拿了些起司要招待克里提亞斯，就盼著滿嘴的起司會讓他說不了話。惟這招對開始滔滔不絕的克里提亞斯無效。

「喔，讓社會上的渣滓發言是個絕佳的好主意。」他的話語酸到不行。「就讓那些窮鬼有地方宣傳他自身的利益，畢竟他們的支持者都知道比起賢者的美德與智慧，粗魯無文而自私自利的無知建議更能使他們受益。我不解的是，內里西烏斯，為什麼連像你這樣的好人——至少他們都說你是——也會偶爾站在他們那一邊？給這座城邦一個好的政府，難道不是你心所願嗎？」

「你說的好政府，是那種平民百姓都是奴隸的好政府嗎？因為如果是這種淪為奴隸的好政府，那大家應該還更想要一個自己可以當家作主的爛政府。我注意到某些貴族表面上是利他主義者，但卻似乎很善於提出一些圖利自己的法律。而每當由貴族制定政策，如我這樣的『狂人』就會進不了議會也發不了言，而最終的結果就是平民被打壓。」內里西烏斯覺得自己好像創造了一句名言。「平民被打壓」是那種會在雅典會飲（symposium）席間橫飛的語言。「你口中的壞政府，恰恰正是民眾獲致力量與自由的來源。」

克里提亞斯

克里提亞斯是柏拉圖的叔公，也是蘇格拉底的朋友——而也是這段友誼，後來讓蘇格拉底被定罪並處死。

克里提亞斯不光是不善於交際——他還是個危險人物。當早在預料中的與斯巴達之戰在西元前四一三年重新開打後，雅典最終遭到徹底擊潰。斯巴達人以征服者之姿建立了貴族政府來取代雅典的民主制度。但被安插為統治者的克里提亞斯做得一塌糊塗。在造成約一千五百人被處死的恐怖統治期間，克里提亞斯的政府成為了殘酷與腐敗的代名詞。等反叛勢力終於推翻了他的獨裁政權後，克里提亞斯不意外地也是首批被殺的人。

克里提亞斯用若有所思且不是很友善的眼光看著他，一邊盤算著該如何回答一邊咬下了起司。內里西烏斯意識到他說出了太多有違外交辭令的話語與心情。

畢竟，他不是看不出來西西里島遠征的目的。雅典暫且未與斯巴達或波斯交戰，但斯巴達絕對還是把圍堵雅典視為他們的未竟之業。由此若是雅典可以將西西里島納入其帝國版圖，對他們的國力絕對不無小補。只是說大軍若被派至西西里，雅典國內兵力必然空虛，而斯巴達人就虎視眈眈地在這裡。從雅典衛城望出去，你可以看到帕農山——也就是斯巴達人在他們自家的衛城，也能向東望見的同一座山。你不難想見這兩個冤家的距離有多近。

而這衍生出的問題就是，雅典人與斯巴達人信不信得過彼此？幾年前，雅典人曾在曼提尼亞（Mantinea）與斯巴達的敵人們並肩作戰，而無異於撕毀了雙方的和平協定。如今雅典人正在集結一支規模空前的希臘遠征艦隊。從斯巴達的角度去看，這支龐大的艦隊一旦建成，雅典人大可藉此在皮洛斯（Pylos）登岸而從斯巴達手中把麥西尼亞（Messenia）奪走，到時誰攔得住他們？雅典人在前次戰爭裡也幾乎就這麼幹了，再來一次有什麼不行？

也就是這個問題，在早上的議程中引發了爭辯。克里提亞斯與他力挺斯巴達的盟友收到線人從葛魯西亞（Gerousia，斯巴達長老會議）傳來的消息，內容是說斯巴達擔心西西里遠征只是雅典準備偷襲斯巴達的幌子。

「我們回去開會吧。」內里西烏斯想找個理由為眼前的對話畫上句點。「我們可以去找德謨克利特斯（Democritus）——他是跟尼西亞斯走得最近的議員。或許從德謨克利特斯那裡，我們可以知道尼西亞斯身為國家重臣，究竟有沒有打算要化解這個僵局。畢竟五年前與斯巴達談和的人，正是尼西亞斯。」

克里提亞斯起身之時，正好與前來收拾他們餐盤的奴隸路徑交叉，狠狠撞了個正著。克里提亞斯往後踉蹌了幾步，但奴隸卻顯得老神在在，自顧自地收拾內里西烏斯與克里提亞斯（那幾乎沒動）的剩飯。克里提亞斯狠瞪了奴隸，然後悻悻然看著自己的午餐離自己而去。

惟奴隸知曉那重新召集會議的號角將在不久後響起，他們受到指示要趕緊把午餐餐盤收拾好，以便讓議會可以井然有序地重新開議。因此奴隸並沒有把克里提亞斯的瞪眼放在眼裡。他只是心平氣和地默默飄走，徒留尊貴的議員在原地氣得七孔生煙。

內里西烏斯認識這名奴隸。他是維歐提亞人，來自基希拉山脈另一側一個原本由他管理的莊園。他的父親與叔叔在戰爭中殞命，他則遭到俘虜，但家族籌不出錢來付他的贖金，所以就有了變成奴隸的他，但他對都市生活倒是相當適應。所以即便將來恢復自由之身，內里西烏斯也覺得他很可能繼續留在雅典。

「他應該接受鞭刑。」克里提亞斯怒斥，「雅典的奴隸與僑民實在太失控了，這些人。你不能打他們，他們看到你來也不會讓開。我跟你說，這年頭在雅典，我們簡直才是這些奴隸的奴隸。在我家裡啊……」

這正好說明了何以一般而言，像這名維歐提亞青年一樣的戰俘，是不會被養在私人家戶中的。沒有被贖回的囚犯固然是技術上的奴隸，但只要他是屬於重裝步兵階級，那奴隸身分就不會讓他的日子過得太過操勞。主要是勝敗乃兵家常事，今天俘虜別人的你，可能一場敗仗後就會立場互

重裝步兵的盾牌都極具個人特色，可盡顯盾牌後的戰士個性。

換，被迫在敵人的城邦裡受到對方的「款待」。因此這類戰俘奴隸往往會受到破格的「禮遇」，包括被安插到城邦的行政部門裡擔任「義工」。

有些低階的戰俘奴隸作為手藝精湛的匠人，會被買走送到工坊裡工作，到時候他們的生活就會與其他工匠同事幾乎無異，只差在奴隸主會每週一次來領走他大部分的薪資。通常作為獎勵，這些奴隸工匠可以在還清了約定好的金額後，換回自己的人身自由。這些經由「被買／受雇」方案來贖回人身自由的奴隸有著很強的自我意識，因此比起跟他們相同地位的其他工匠，他們更不容易受人擺布。

克里提亞斯抱怨說：「當你在城市裡有著這些身價不菲的奴隸，那主人就無法從奴隸對你的敬畏中獲得利益了。在斯巴達，我的奴隸也會敬畏主人，但在雅典，奴隸還會受到自由人的恐嚇，因為隨便一名自由人都能向富有的奴隸訛詐金錢。斯巴達沒有這種問題，畢竟斯巴達人沒有私人財產。但在雅典，除非你是他的主人，否則奴隸就會覺得他可以跟你平起平坐。僑民也是一樣的心態。這是我們體制中的漏洞。」（在雅典——不同於在其他的希臘城邦中，奴隸是可以很有錢的。而也因為如此，雅典的奴隸必須要受到保護，否則自由人就會透過敲詐、搶劫與攻擊的手段，將奴隸的財富占為己有。奴隸心知肚明只有主人才能傷害自己，因此他們對主人以外的人——比如克里提亞斯——就不會過於卑躬屈膝。）

內里西烏斯也曾在初來乍到時，被雅典奴隸的輕浮態度嚇了一跳。比起在雅典，鄉下的奴隸比較懂禮貌。但奴隸就是百百款。莊園裡的色雷斯與伊利里亞人（Illyrian）在他眼裡，只贏家畜一點點。他們的馬其頓監視者是完全不同的另一種階級，但也休想跟他這個主人稱兄道弟。相對於此，在圓頂餐廳收盤子的維歐提亞青年雖然身為奴隸，卻能與自由人相交為友，然後在下班後跟這些朋友去泡酒館。

「我不會當著僑民的面說他們和奴隸沒有兩樣。」內里西烏斯說，「僑民對這種話題有點敏感。她，或者他，可能會為了證明你說他們傲慢無禮是真的，而一拳打在你鼻頭上。」

「然後還可以全身而退。」克里提亞斯話說得酸溜溜。「法庭上，判事的人只會褫奪貴族的權利，罰貴族錢，把貴族流放出去，甚至要了貴族的命。如今的陪審團，只是為了促進下層階級的利益而存在。他們關心的不是正義，而是自己能不能占到便宜。」

這對議員進入了圓頂餐廳，並因為光線瞬間由亮變暗而眨起了眼睛。幾名議員利用這短暫的目盲，突襲式地與身旁的鄰居搭起了話，或趁機表明他們得在食物被旋風式收走之前趕緊填飽肚子，好藉此脫身。內里西烏斯明白了何以克里提亞斯會踏出室外來找他聊天，因為他待在室內就只能一個人杵著。

內里西烏斯也急於把克里提亞斯甩掉。「我們還是進議事廳吧。」他話說得客氣。「下午的主席是安多西迪斯，而他對遲到的議員都超沒耐性的。」

在這一間間公署當中，有一間機構的地位要傲視其他的單位。而這同一個機構，也往往會負責執行它所提案的各項業務，或是在菁英薈萃的處所主持全體公民大會。能召集主權會議的這間公署，最終也會自然而然成為國家內部的至高力量。這在某些地方，會以預備議會（五百人會議）的形式出現，其中預備的意思是它會提出要交付公民大會決議的提案。

亞里斯多德《政治學》卷六 1322 節 b

五百人會議會逐日選出新主席，藉此避免議會被特定派系把持。主席會負責保管國庫與資料庫的鑰匙。每天改選主席可以增加有心人搞破壞或發動政變的難度，因為這代表天一黑，就沒人知道那些作為國家命脈的鑰匙會抓在誰的手中。這種制度代表一整年下來，會有三分之二的議員當過主席。

午後的會議會非常忙碌。明天的議程必須在下午擬好並對外發表（雅典人都想知道城邦的官員在打什麼主意），而負責狄奧尼西亞節的委員會，也將在午後針對將至的活動細節進行報告。更重要的是，議會必須針對計畫中的西西里島遠征做成財務規劃，以便讓雅典公民大會要麼接受預算案，要麼將之駁回到五百人會議再議。

內里西烏斯知道克里提亞斯不在乎加班到日落後，因為今天的他是十七人小組的一員。所謂的十七人小組是每天輪流的一小群議員，他們會在散會後於圓頂餐廳多值八小時的班，直到夜間的最後八小時會有人來換班。主席得當值整整二十四小時。在這樣的輪班覆蓋下，雅典任何時候都有政府在運作。姍姍來遲的使節與身懷要務的信差都知道該去哪裡報到，而就算有火警或騷動發生在深夜，雅典也一定會有人能發號施令，不至於群龍無首。萬一今晚出了什麼意外，內里西烏斯衷心相信不論克里提亞斯打算如何應對，另外十六個值夜的議員都會投票將之否決。

內里西烏斯希望下午的會議可以早點開完，如此他才能趕到科隆納斯（Colonus）丘的南坡小屋，與在那兒等著他的沁涼紅酒與女士相會。他們會在陽台上飲酒看日落，也看著仙女山的陰影緩緩爬過梅利特區一棟棟的住家屋頂上頭。那名女士是來自希俄斯（Chios）島的僑民，而等她聽到內里西烏斯告訴她說克里提亞斯覺得她不比奴隸好多少，她會有千百個理由火冒三丈。

幽會完後，內里西烏斯會踏上返家之路。他會穿過漸暗的街道來到林奈區，而在家等著他的會是他陰鬱的嬌小妻子泰梅兒。泰梅兒的社交手腕就跟她在廚房裡、在織布機前，還有在床笫之間的表現一樣差勁，但內里西烏斯心想，這就是他想在人前身為一名已婚的可敬男人必須付出的代價。

老寡頭

同樣地，這一章的內容基本上也是雅典文本的重製。段落中假克里提亞斯之口闡述的意見，乃逐字摘自當時名為〈老寡頭〉（或名〈偽色諾芬〉），火力全開的長篇大論。惟其實參考克里提亞斯為人所知的立場，還有他在文學上的志向，即便他就是老寡頭的本尊也不讓誰感覺驚訝。

有另一派人認為〈老寡頭〉其實是民主派的反串文章，因為文中也存在一部分強而有力的反論在為民主制度辯護。這部分的文字，被我放進了內里西烏斯的嘴裡。

(13:00-14:00)

第14章　日間的第八個小時

女奴憂心忡忡

阿索娥伴著提歐克里特斯回到了家中。這一對主僕剛從法庭回來，而他們之所以上法庭，是因為提歐克里特斯的繼兄弟安提芬訴請取得阿索娥跟另一名女奴菲莉麗的監理權。

怒不可遏的提歐克里特斯告訴阿索娥說，他叫安提芬把那張訴願摺小一點，這樣安提芬等等把東西塞進屁眼，才能盡情享受到鋒利的紙緣。聽到主人這麼說，菲莉麗在哀聲裡鬆了口氣，而提歐克里特斯則冷冷地報以微笑。阿索娥知道只要條件許可，提歐克里特斯絕對不會吝惜於親手折磨這對女僕。但眼看著安提芬伸手要搶奪家產，提歐克里特斯也絕不會坐視自己寶貴的奴隸在他人的貪婪中有損。阿索娥倒是一語未發，因為她深知危機還沒有過去。

安提芬不會就此善罷甘休。若家族拒絕交出兩名女奴來供他問話，其實對他的案子也是有幫助的，畢竟他宣稱這兩名女奴涉入了有某雅典公民被毒殺的大案之中。

十四年前有個叫做菲洛尼歐斯的男人是母親大人已逝丈夫的友人，他趁著國外出差途中來到家中拜訪。菲洛尼歐斯有一名奴隸兼小妾，名為迪麗提拉，但他對迪麗提拉已經膩了。在他離開雅典前，菲洛尼歐斯打算把迪麗提拉賣給妓院。到此為止大家對案情都沒有異議。

惟根據安提芬所言，他的繼母把一則帶有希望的訊息，傳給了迪麗提拉，也就是女奴菲莉麗會把母親大人親手調製的一瓶愛情靈藥交給迪麗提拉。只要迪麗提拉把這催情藥摻入菲洛尼歐斯的葡萄酒裡，他就會立刻重新愛上迪麗提拉，而迪麗提拉也就得救了。當然由於丈夫會跟菲洛尼歐斯使用同一個酒甕，所以母親大人的丈夫也會一起被下藥，但試問有哪個妻子會介意丈夫多愛自己一點？

母親搖了搖頭。「她的靈藥不是我給的。他們——菲洛尼歐斯跟你們的父親——曾一起待在比雷埃夫斯。你們沒忘記的話，你們的父親當時正準備要去納克索斯（Naxos）島出差，而菲洛尼歐斯則要去那裡獻祭，所以他們就聚集在了比雷埃夫斯的港邊。」

比雷埃夫斯有十二個地方可以買到愛情藥，是大家都知道的事情。提歐克里特斯推測狗急跳牆的迪麗提拉多半請某位女巫調配了強到不能再強的劑量。關於多數愛情靈藥，大家要知道的一個重點是其藥效具有累積性。你每天在目標的飲食裡摻一滴，就能日積月累培育出對方的熱情。

但迪麗提拉沒有那樣的餘裕。她隔天就要被賣入火坑了。所以來路不明的靈藥一到手，她就在晚飯後的葡萄酒裡投下了幾乎全數的劑量，然後把酒倒給菲洛尼歐斯喝，至於剩下的酒，則都留給提歐克里特斯的父親。菲洛尼歐斯當場死亡，父親則在撐了二十天後不治。

事後迪麗提拉宣稱她是獨自犯案。她在鬧出人命後遭到刑求，但即便是骨頭都被打斷，她也沒有牽連誰進來，於是此案究竟有沒有共犯，就成了一躺十四年的懸案。如今在家產的爭奪戰中，安提芬語不驚人死不休地宣稱這位繼母是藥物的提供者，而女奴們則是她的共犯。再者，他還宣稱犯人下藥根本不是為了愛，而是單純想要下毒而已。

對處於辯方的老家而言，好消息是在毒殺案發生十四年後，女奴都還健在且於家中服務，畢竟冷血下毒的犯人如果真在家中，那知道這麼多真相的女奴早就被滅口了。要知道提歐克里特斯的母親身為被控的主謀，完全可以隨心所欲處置兩名女奴。

安提芬在作證時表示他打算用力取的方式，從奴隸口中得到「真相」。任誰只要被恐怖與痛苦嚇掉半條命，都不可能說謊而不露出破綻，所以安提芬希望對奴隸用刑，藉此讓她們老實交代自己在這骯髒勾當中出了哪些力。當然若是提歐克里特斯家把女奴交出去，而女奴又一口咬死原本的說詞，那就等於是還了家中的母親清白。

阿索娥想像了一下雅典的各種酷刑，不太確定自己可以把事情說清，畢竟那已經是十四年前的舊事。就算是腦袋十分靈光且記憶過人的她，也無法把事情交代得分毫不差——更別說她確信如果事情真的進入用刑的步驟，她應該會被恐怖與痛苦搞到幾近發瘋。

而且安提芬需要的，只是找到一點——隨便一點——菲莉麗與阿索娥與原始說法有異的地方。只要抓到任何一點前後矛盾處，他就能以之為證據來指控兩名女奴說謊，然後他就有理由以更殘酷的方法去折磨兩人。這之後想要屈打成招，就不會是難以想像的事情了。

阿索娥閉上了眼睛。她哪怕是主人把鞭子秀出來，就會馬上變成一個語無倫次的廢人了。她根本不敢想像要是看到眼前出現烙鐵，自己會崩潰成什麼模樣。她強迫自己把嘴巴閉緊，就怕多說什麼會被扔出門去。

母親大人沒有出庭作證。身為一個女性，她不能代表她自己——法律規定必須由兒子來為被控下毒的她辯護，所以提歐克里特斯正在把今天發生的事向她報告。「根據安提芬的證詞，妳曾經自白過。他說當父親躺在臨終的病榻上時，妳曾經上前告訴他說是妳準備了毒藥。他說妳告訴父親，是妳利用了方寸大亂的女奴，並騙了她說瓶中裝的是愛情靈藥。

「簡單講，妳承認過自己是凶手，而被騙的可憐女奴只是妳借刀殺人的工具。喔，安提芬還說妳大言不慚地在父親面前如此幸災樂禍，有阿索娥全程目睹。」

阿索娥陷入了回憶。她確實跟夫人同在臨死的主人床前。她們一起照料他，並一切都按照醫師的吩咐行事。而安提芬——他當時只是個孩子——只在他以為父親是單純生病時來看過一次，或許兩次。但等他意識到自己可能分不到遺產時，安提芬就在病床前寸步不離了。

按照安提芬的說法，他就是在此時聽父親告訴他說繼母自白了。安提芬在法官面前宣稱他銜將死的父親之命，要讓殺害他的人接受法律制裁，而如今他既已長大成人，自當謹遵父親的遺命——

妓女出庭作證。

即便與親人對簿公堂讓他萬分痛苦。

在提歐克里特斯報告完之後，現場在思索中陷入了沉默。阿索娥想不通若主人的父親有力氣要兒子發這種誓，他幹嘛不直接令兒子把官員帶來他的面前，這樣他就可以在證人面前修改遺囑，不讓謀害親夫的妻子繼承遺產。甚至他還可以當著官員的面指控妻子殺人。但奇怪的是，這些事他一樣都沒做。

「啊，」也有同樣疑問的提歐克里特斯說，「安提芬可以宣稱母親限制了他的行動，所以他出不了門。他當時還未成年，記得嗎？」

「那來出診的醫生呢？」阿索娥問道。提歐克里斯的母親也可以不讓醫生來來去去嗎？她可以讓安提芬與醫生或醫生與丈夫說不上話嗎？這些都是辯方可以提出的質疑，而這也是何以安提芬要說母親在阿索娥面前「自承」過犯行。他已經是背水一戰了。要是他無法將女奴們屈打成招，他的指控就成不了案。而要是母親沒被定罪，他就拿不到遺產。

「這免不了還是會鬧上法庭。」提歐克里特斯憤恨地說，「能比斯巴達人更讓雅典一家之主害怕的，只有一樣東西，那就是他的妻子。你會覺得雅典四周流行著一種人夫會猝死的疾病，而妻子跟毒藥的組合更讓人風聲鶴唳。在這樣的輿論氣氛下，執政官們必然會想好好辦一場公聽會。」

「我會是奈薩斯，因為菲洛尼歐斯是海克力斯。」母親自嘲地說。在著名的神話裡，海克力斯死於妻子之手。這名妻子以為自己拿到的是愛情靈藥，但其實她遭到奈薩斯這名工於心計的羊男所騙，親手下毒殺死了丈夫。

提歐克里特斯搖了搖頭。「不，他不會走這個套路的。這麼明顯的典故，只會讓陪審團覺得他故事編得很爛。我看根據他在作證時的大放厥詞，母親，他想安在妳頭上的人設應該是——克呂泰涅斯特拉。」

「克呂泰涅斯特拉？」母親重複了一遍。「這角色我應該還撐得起。」語畢她煞有介事地擺了個姿勢。

阿索娥動用了她僅有的神話知識，想通了這當中的關聯。克呂泰涅斯特拉與絕世美女特洛伊海倫是同母異父的姊妹，但她最為人津津樂道的並不是這個身分，而是她趁丈夫去打特洛伊戰爭時跟丈夫的堂兄弟有染。多數雅典男性都能知道那是什麼感覺。他們大半年都隨大軍或艦隊出征在外，妻子（理論上）在家獨守空閨。當克呂泰涅斯特拉的丈夫阿加曼農終於乘著戰車，風塵僕僕地回來，他摯愛的妻子準備了洗澡水，然後趁他沐浴時一刀了結了他。

當然除了紅杏出牆以外，克呂泰涅斯特拉還有一堆理由想要丈夫死。阿加曼農先殺死了克呂泰涅斯特拉的前夫，強占並綁架了她，然後還拿她女兒當祭品來請神保佑往特洛伊的海上一路順風。[1]但那並不是雅典男性想起她的原因。多數雅典男人想起克呂泰涅斯特拉，都是在妻子說要替他們放水洗澡的時候。

阿索娥知道，若安提芬成功讓陪審團相信他繼母是克呂泰涅斯特拉再世，那他想要的有罪判決就一半到手了。如果陪審團判繼母有罪，那安提芬就可以拿到父親的全部遺產，而他父親的第二任妻子——也就是提歐克里特斯家中的母親——也將眼睜睜看著她的兒子們失去遺產的持分，包括他

1 作者註：這另一版本理由的最古老出處，是劇作家歐里庇得斯（Euripides）寫於西元前四〇八到四〇六年的《奧利斯的伊菲革涅亞》（*Iphigenia at Aulis*）。加入這個元素，對歐里庇得斯而言並不算突兀，因為我們已知他對古代神話也做出過其他不小的貢獻。

們現在住的那棟屋子。

若少了阿索娥與菲莉麗的口供，那安提芬就只剩無的放矢的指控而沒有辦法證明什麼。無疑地他會煽動每個男人內心對妻子是否不忠的懷疑，來為自己所用。他會一而再再而三地訴諸上天主持公道，並不斷刻劃垂死的丈夫面對害死他的妻子在病榻前耀武揚威，那副有仇報不得的可憐模樣。憑藉理性，他沒辦法說服陪審團，但靠著感性，他將可以召集一群暴民來壯大聲勢。至少這是提歐克里特斯一家的沙盤推演。

提歐克里特斯也規劃了一套辯護方略。他首先會揭穿安提芬的興訟動機。他會說明那不是為了替（根本子虛烏有）的陳年舊案平反，而是明擺在眼前的金錢貪欲。他會指出安提芬的指控漏洞百出，而家中老母的清白不證自明，由此他說什麼也不能讓家奴的腿被平白地用刑打斷，只為了這個無中生有的冤案。時隔十四年，誰想賴誰任何罪名都只靠一張嘴，但證據早就煙消雲散，記憶也已模糊黯淡。陪審員今天用什麼標準去判，將來也難保不會被以同樣的標準去決定他們有罪或清白。

但提歐克里特斯在家中的弟弟並不這麼看。「他的感性訴求明顯強壓過我們的理性訴求。不過話說到底你是哥哥，你怎麼說我怎麼辦。」阿索娥與菲莉麗隨弟弟走了出去，但其中阿索娥在門外停下腳步，豎起了耳朵。等提歐克里特斯覺得屋內只剩自己與母親兩人後，他悄悄地告訴她：「這話我不想在奴隸們面前說，免得她們幹出逃跑這種蠢事。但我在作證結束後跟一些朋友討論，他們說我們一直不把奴隸交出去，對我們的立場絕對有所不利。如果想確保全身而退，我們恐怕不得不把奴隸交由他們問訊。」

「不！」母親說，而她透過聲音所表達的激動之情，顯然讓提歐克里特斯吃了一驚。阿索娥相對非常鎮靜，她只是專心地想聽清做兒子的提歐克里特斯在咕噥著什麼回答。

「我不知道您這麼關心她們。我們之後可以請一堆醫生，給您最好的照料……」

「你不能！」母親壓低了聲音但壓不住蠻橫的語氣。「你父親的命比我想的要硬。他在我對他攤牌後還多撐了幾個小時，期間我實在無法完全支開安提芬那隻小老鼠，他還是跟他父親說上了話。還有一點是，沒錯，阿索娥聽到了我說的一切，真是氣煞我也！」

事實的真相

本章講述的事件，幾乎完全是真人真事。此案典出一篇名為〈安提芬：對抗毒殺親夫的繼母〉的為文，日期不詳，但這跟另外十四篇文章，都是雅典雄辯家安提芬留下的講稿。多數專家將這篇文稿定年在西元前四一九到四一四年之間。

本案的爭議在於安提芬是否長大成人，並以雄辯家身分出人頭地後，才終於有了自信去揭發當年的家醜。抑或是他因為跟幾名繼兄弟產生了家產繼承的糾紛，才無中生有地想要陷繼母於不義。

很遺憾的是，繼母作為辯方的說法並未傳世，至少我們手中沒有。同時我們也不清楚陪審團最終的判決。在法庭上，安提芬確實一開始就質疑了辯方不肯讓女奴接受問訊的決定，而除此之外，他的指控可說是毫無根據的虛張聲勢。就根據他的那點捕風捉影，公正的陪審團是不可能判繼母有罪的，只可惜雅典的陪審團不見得每次都能跟公正扯上關係。

(14:00-15:00)

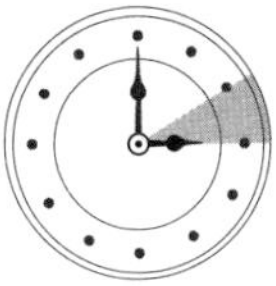

第15章　日間的第九個小時

正午的烈日照得拉布拉斯暈頭轉向，他在想這次不知道又要少掉幾片腳趾甲了。前面的路，只剩兩趟全馬的距離。

跑者出發前往斯巴達

很多人有所不知的是在長距離賽跑中，狀況好的人類是可以贏過馬匹的。馬匹的劣勢在於體重很重，而且牠們跑步時燃燒的是青草與穀物——不論哪一種的能量都不是頂高。再者，馬是有靈性、有智慧的動物，你要逼牠們長距離以高速奔跑，牠們也是不依的。

拉布拉斯是名跑者，而且是名被稱為「全日型跑者」的菁英長途遞信跑者。對他們來說，馬兒是會半途而廢的孬種。而正如許多最優秀的信差，拉布拉斯現年四十出頭，有著一張飽經風霜日曬的黝黑臉龐，藍色的眼眸則因為長年瞇眼觀察遠方的地平線，而有了深深的皺紋凹陷。

奧林匹克比賽中最長距離的賽跑，是「多利科斯」（dolichos），直譯就是「長跑」，但那其實也不過就是二十四希臘里（約四點二三公里）這種像在散步的距離。那在拉布拉斯眼中真的就是兒戲。如果是要在短時間內衝到阿提卡的某個名為「德姆」（deme）的行政區，或是把訊息緊急傳送到維歐提亞的底比斯，那沒什麼好說的，找個二十出頭的年輕小夥子就對了。但如果是要把事情告知遠處的斯巴達，那你需要的會是成熟的跑者——一個身心儲備都足以應付長跑的嚴峻考驗，不會像年輕人那樣吃點苦就在路邊哭的老資格。某些長距離是真的非常長，而你想培養出一個稱職

馬拉松之役的捷報信差。

的長跑者，沒個幾十年是辦不到的。

任何一位負責斯巴達線的跑者，都不可能忘記菲迪皮德斯（Pheidippides）這名七十年前（西元前四九〇年）的前輩，當時他跑的就是拉布拉斯現在跑的路線。當時面對突發的國難——波斯大軍已在馬拉松登陸，意圖讓雅典滅國，菲迪皮德斯被派去討斯巴達的援軍。根據史家希羅多德的記載，菲迪皮德斯「抵達於出發的隔日」。

我們來具體思考一下。假設他從雅典五百人會議的議事廳出發，要抵達斯巴達的長老會議外面，菲迪皮德斯得在四十個小時內跑完一千四百希臘里（相當於兩百四十五公里），而且當時還是雅典的麥塔格特尼昂月（Metageitnion，相當於八到九月），天氣正是熱到連瘋狗要在日正當中出門都會三思的時候。由此對能跑在溫和的春日，拉布拉斯真是感激涕零，只不過這也代表他在接近特基亞（Tegea）各高山隘口的時候，會有嚴寒必須忍受。

斯巴達超級馬拉松

一九八二年，一名英國皇家空軍軍官被菲迪皮德斯的歷史事蹟引發了興趣。他想確認的是從雅典出發，一名跑者究竟能不能在隔天抵達斯巴達。畢竟這是個不知道能問誰的問題，所以他只好自己跑看看。結果他成功跑完了這兩百四十五公里，花的時間是三十八小時。自此之後，斯巴達超馬就成為了菁英長跑者的黃金標竿。在嘗試此一魔王路程的數百名跑者中，能跑超過科林斯的寥寥可數。目前還沒有現代跑者敢嘗試復刻隔天再跑回雅典的歷史。

拉布拉斯所攜帶的訊息是口信，惟他也攜著蓋有雅典官方印章的簡短文書，裡頭只簡單對難免會啟疑竇的收信者表示「請相信這個人」。書面的訊息放在拉布拉斯置於背上的小包裡，但除非是為了拿也在那包包裡的肉乾和蜂蜜無花果，他根本很少想起自己身上還背著個極貼身的包包。

事實上他身上還有一水壺，只不過這水壺可能小到你不覺得它該叫水壺。就跟所有跑者一樣，拉布拉斯可說是一本會走路的水泉小百科。路途中哪些地點有泉水，還有多遠才會到沁涼的水源處，他的判斷誤差不會超過幾分鐘。他身上還帶有一小瓶油，主要是雖然身上的衣服相當寬鬆，但不懂得潤滑乳頭的跑者在漫長的旅程結束後，有時赫然發現胸前有片巨大的血漬。

現在是這趟旅程中比較輕鬆的階段。肌肉慢慢進入它們的節奏，讓純然的跑步樂趣成為了拉布拉斯最主要的感受。那手腳並用的單純動作，讓日常的枯燥與瑣碎煩惱一一剝落。確實在他跑了這麼多年後，身邊的朋友都會說他要是超過短短幾日沒機會這樣操練一下，人就會「有點怪怪的」。此刻的拉布拉斯正沿著聖道（Sacred Way）朝西大步向前，阿卡德米體育館的樹叢在右肩的方向清晰可見，作為第一個飲水點的小河賽菲索斯（Cephissus）也在不遠的前面。

在這個時間點，他還不會穿鞋。他會用規律的節奏，把腳底板拍在揚塵的硬地路上。質地有如皮革的腳底，是他的寶貝，就像騎兵珍愛他的戰駒，也像重裝步兵呵護他的裝備。他的腳，就是他吃飯的工具，所以他會小心翼翼地保持腳的皮膚滑順，還會替腳上油。磨損與龜裂放著不管，都很容易在旅程的尾聲擴大成一條條血痕。

聖道會慢慢領著他向東爬上埃格里奧斯山（Mount Aegaleos）的長長山脊，然後隨著他登上稜線之頂，映入他眼簾——也映入每年為慶讚來世至福而來，聖道上每一位朝拜者眼簾的——是午後向晚厄琉息斯灣上的粼粼波光，還有棲息在大海與特里亞（Thria）平原之間的白色神廟。

按照他每次跑這條路線的習慣，拉布拉斯會提醒自己要接受某同事長年的邀約，加入成為辨在厄琉息斯廟中那儀典的成員。只有成員，才會知道那些祕儀在做些什麼，因為他們都立誓要在參加過儀式後保守祕密。甚至雅典也以國家之力，以死刑恫嚇那些想開口者來捍衛這個祕密。可以確定的是，這個祕儀非常古老——有人說這儀式每年一次，已經千年不曾中斷。

祕儀的主題是死亡與重生——這一點廣為人知。狄蜜特在當中有其角色，一如她女兒波瑟芬妮。在酒館裡，未入會者你一言我一語地猜測。可怖的黑帝斯身為冥界之王，綁架了波瑟芬妮成為他的新娘。失去女兒的穀物與農作女神狄蜜特，在憤怒與悲傷中決定讓大地長不出任何東西。

為免他們掌管的希臘成為貧瘠與空虛的大地，奧林匹亞眾神說服了黑帝斯釋放他綁去的新娘。但由於波瑟芬妮在冥界王國境內吃下了三顆石榴籽，因此她必須得每年重返冥界一趟。這代表狄蜜特每年都會罷工一次，地表也會每年寸草不生一次，直到狄蜜特的女兒從地底返回陽間為止。話說只要天空開始降下甘霖，莊稼開始重現生氣，就代表狄蜜特又見到了波瑟芬妮。

或許波瑟芬妮從冥界還陽的地點，就是厄琉息斯，所以狄蜜特女神會在這裡迎接她，主持祕儀的聖顯者（hierophant）則會帶著儀式成員在一旁敬畏地注視。但這樣的猜測只能壓低了聲音說，否則有關當局就會送這些多嘴的傢伙去冥界看個究竟。

妳因姦而成的婚姻，葬送了四季
僅妳一人，便可決定苦難凡人的生死
波瑟芬妮，滋養的湧泉與死亡的差使
聽啊，蒙福的女神，讓大地結實纍纍吧
讓花朵在妳的輕觸下，健康地開放在祥和中
讓豐沛的生命，使我們富裕地老去
然後再有朝一日進入妳的領域，波瑟芬妮
那壯闊的黑帝斯國境

奧菲斯教[1] 對波瑟芬妮的頌詞

拉布拉斯邊想著這些，邊輕鬆寫意地跑在聖道上。這又是等於連跑六個現代馬拉松的另外一個特點：穩定而規律的節奏會帶人進入一種超然忘我的境界。你有天底下所有的時間可以想東想西，而且不用像平日那樣匆匆忙忙地把所有的念頭擠在一起，生怕不趕緊，待會又會殺出個程咬金，讓你的思考難以為繼——你可以好整以暇，慢條斯理地把事情想個徹底，因為心靈此時只負責一件事情，那就是堅持下去，而紛飛的思緒，正足以讓肉體把這超越人極限的考驗稍微忘記。

在沒過賽菲索斯河之前，拉布拉斯都還在雅典的郊區。路旁叢集著大小農園，園內養著狗兒——拉布拉斯恨不得殺光這一群會在他路過時亂吠的畜牲。田中看得到大麥，還有厚實的一叢叢橄欖樹上生著蒙塵的卡其色樹葉。許多樹都還很年輕，而某些老樹上能看到被炙燒過的黑印記，延伸於軀幹上長著瘤的樹皮。

那是斯巴達人幹的事情。他們在近期的戰爭中發現橄欖樹叢難以消滅。砍樹可以有效個幾年，但砍樹不除根，新樹遲早又會重新長出來。但刨根之辛苦，會累到你懷疑人生——尤其如果你是將

1 Orphism，古希臘色雷斯人的信仰，源自詩人奧菲斯的傳說故事。相傳奧菲斯的妻子在婚禮中被毒蛇咬死，奧菲斯於是前往冥界向冥王黑帝斯懇求讓亡妻回陽，只可惜奧菲斯在抵達人間前一刻回了頭，導致其妻再度被抓回冥界，而奧菲斯亦未再獲冥王恩典。返回人間後，奧菲斯便以詩歌來抒發對亡妻的思念。

勞務都交由低賤者去做的斯巴達人。至於用火燒嘛，效果顯然不彰，因為不用多久，滿滿的果實就會出現在那些被火焚身的樹株上。

但話說回來，拉布拉斯也跑過早些年的同一片鄉間，當時農場上是一片斷垣殘壁，田野間也看不到牛群的蹤影。他親眼見證過斯巴達的入侵與蹂躪，對阿提卡百姓造成的悲情。雅典是城邦的都會中心，但多數雅典人並不住在雅典市裡。他們住在前面提過，一個個的「德姆」行政區裡，一個德姆就是阿提卡的一個小鎮。他們的日常是走出自己的小屋，在田野裡務農，而且男女皆然。每個人都要照看完果樹、犁完田、牧養完牛隻，才能返家休息，就像在參與他們代代相傳，有如儀式一般的鄉村生活。

拉布拉斯就是這樣長大的鄉間子弟，所以他才會拚了命想去跟斯巴達的長老會議討救兵。沒錯，雅典是組成了一支強大的艦隊。沒錯，雅典的重裝步兵軍容壯盛，為史上僅見。惟雅典這支強大的毀滅性武器，鎖定的並不是斯巴達所在的伯羅奔尼撒半島。五百人會議的主席，會希望斯巴達長老會議可以知道這訊息來自尼西亞斯本人，也就是終止了前一次雅典與斯巴達戰爭，而且總是君子之道與斯巴達相交的和平建築師。

拉布拉斯調整了一下左右，好閃開一輛要進城的滿載牛車，然後他納悶起了遞送這條訊息的責任，為什麼會落在自己肩上。雅典絕對可以放個腦滿腸肥的外交使節在帆船上，然後讓其連人帶船，輕輕鬆鬆穿越薩龍灣（Saronic Gulf），下到港都吉雄（Gythium）。以吉雄為起點，到達斯巴達就只是走個半天路的事情。到時候使節就可以臉不紅氣不喘地對斯巴達交代來龍去脈，誰也不用流一滴汗。

拉布拉斯沒有想到的是他以其充滿信念的語氣，或許可以比使節產生更大的影響力。多少有些草鄙的斯巴達人對他們眼中那狡猾而充滿心機的雅典人，向來無法推心置腹（這倒不是說斯巴達人就不懂心機，他們只是喜歡把手段耍得晦澀一點）。因此他們或許不會把雅典的官員放在眼裡，但卻可能會對某個精瘦的中年運動員刮目相看，只因為他竟能完成連普通斯巴達人都做不到的體能壯舉。

> 眾將軍派了一名信差往斯巴達的方向，那是個名叫菲迪皮德斯的專職長途跑者……來到特基亞的山間，他遇到了潘（Pan）這位牧神。牧神說祂對雅典人懷著善意，並說祂經常幫助他們……菲迪皮德斯在離開雅典的隔天，抵達了斯巴達。然後他來到了斯巴達官員的面前，開始了他的發言。
>
> **希羅多德《歷史》卷六第一〇五章起**

隨著河流慢慢出現在眼前，拉布拉斯在心裡標註了第一段路的完成，作為一種心理策略，他將前往斯巴達的路途分成了好幾段。一般人跑不到斯巴達，是因為還沒開始跑，這挑戰之漫長艱鉅就已將他們的意志力壓垮。但如果是跑到賽菲索斯河畔，那感覺就只像是和煦的午後出去踏個青而已。把賽菲索斯河畔當成起點，要前往位於高山隘口處，可向下通往厄琉息斯的阿芙蘿黛蒂神廟，也說不上太遠。隨著日落月升，夜跑的行程可以分為兩段——先愜意地跑過平原（兩處可停下來喝水），再向上通往要塞城鎮俄諾涅（Oenoe）的山丘。就此你除了完成阿提卡境內的路途，還將維歐提亞的行程分成了數段。照表操課，你就可以在凌晨時分抵達第一個主要休息站——科林斯。

到了科林斯之後的一項要務，是根據星空來判斷跑了多久，因為此處的地峽標註著三分之一的里程。理想的狀況下，拉布拉斯應該要在這階段建立起一些餘裕。如果時間允許，他會在路邊「讓腸胃清一清」，好整以暇地補充足夠的水分，然後用一些高難度的伸展來舒緩肌肉，畢竟前面有難關等著他——那是抵達在平原與特基亞古城之前，地峽底部一處作為制高點的隘口。而這一切都在刺骨的寒冷環境中發生，原本已近虛脫的肉體只能繼續流失能量。

就在這個點上，知名的菲迪皮德斯見到了牧神潘鼓勵他再接再厲。拉布拉斯對此並不驚訝。長途跑者本就會練習到現實之牆變得異常薄弱。他有過一段甜美的回憶是——也在這條跑道上——曾有半人馬大軍從林中出現，輕快地陪他跑了一段。拉布拉斯不確定那究竟有沒有發生，但他確定自己很期待能重溫那樣的體驗。

慢慢接近特基亞，他會看到晨光照耀在他的左肩。此時他會進入下坡段，但不要聽到下坡就興奮起來，因為下坡只會增加他膝蓋的負擔。來到這個階段，他的身體已經難以避免地出現損壞。他的新陳代謝開始分解肌肉來獲得能量，而長期運動所累積的過量毒素，已經把身體的排毒管道堵住。就跟多數跑者一樣，拉布拉斯對如何對抗這種狀況有自己的一套理論。對他來說，答案就是新鮮水果——大量的新鮮水果。每回要長跑前，他幾乎不吃鮮果與瘦肉以外的東西。

過了特基亞，正午的烈日照得他暈頭轉向，隨之而來的是他對自己得靠拖著鐵腿在酷熱中一步一腳印來作為生計，感到深深的不滿意。他在想，這次不知道又要少掉幾片腳趾甲了。拉布拉斯有過這樣的經驗，而雖然他並不嚮往這種深沉的煎熬，但這也意謂他已經來到了谷底。不論生理上還是精神上，他的狀況都不可能再壞下去了。前面的路，只剩兩趟全馬的距離。

荷米斯（宙斯的信差）：我才剛從西頓（Sidon）回來，他（父親宙斯）遣我去那兒照看歐羅芭。而我還沒來得及喘口氣，就又得衝去阿哥斯，為的是尋找阿哥斯國王的女兒達娜鄂。「對了，」父親說，「橫豎都要跑一趟，你可以順便去維歐提亞見一下戰神的女兒安媞厄普。」不是我說，真的累死我了。

邁亞（荷米斯的母親）：好了好了，我的孩子。聽話，照你父親說的去做。快去一趟阿哥斯與維歐提亞。別再磨磨蹭蹭的了——除非你想挨頓鞭子。

琉善《諸神的語錄》*(Divine Dialogues)* 4(24)

拉布拉斯將在深夜跑抵斯巴達，首先向斯巴達實權的五名督政官通報他的到來。接著在專門安排給跑者的處所，像死人一樣睡到隔天上午，再接受督政官會議的召見。召見完他會回到房間繼續睡到隔日破曉。屆時他會在旭日中起身，準備好迎接真正困難的挑戰——跑回雅典。

(15:00-16:00)

第16章　日間的第十個小時

重裝步兵怒了

散著步朝港口大門而去，一名重裝步兵不經意想起了城牆。在牆上頭某個壁壘的旁邊，是他曾祖父的墓碑。在城牆間一邊遊走，一邊尋寶似地找尋家族的財產被卡在哪段城牆間，已是雅典居民如今閒暇時的消遣。

現時圍繞著雅典的城牆，當年建得匆匆忙忙。這一切都得從溫泉關（Thermopylae）說起。你去問斯巴達人，他們會說西元前四八〇年的溫泉關之戰是一場偉大的勝利。但事實上，那一役可能有點偉大，但絕對不是勝利。真正發生在溫泉關的狀況，是國王李奧尼達斯（Leonidas）帶著他的斯巴達戰士，遭到了波斯入侵大軍的輾壓。斯巴達人英勇不屈，但仍被殺得片甲不留（波斯人之所以要硬過斯巴達人這關，而不選擇搭船繞過就在海邊的溫泉關，是因為海路遭到希臘艦隊阻斷。這支以雅典為主力的艦隊，在海面上做到了李奧尼達斯在陸地上沒做的事，切斷了波斯大軍的去路，但最後卻是李奧尼達斯名留千古。但這也沒辦法，中看不中用的英雄之死才是詩人的菜，按表操課的勝仗爹沒人愛）。

在溫泉關失守後，波斯人氣沖沖殺向雅典，將整座城夷為平地，彷彿把其保護城牆毀棄可以帶來某種變態的歡愉。沒了外牆的希臘城市，就彷彿無殼蝸牛一樣無助。所以等波斯人終於被打回去之後，整個雅典社會陷入了集體的恐慌中，因為此時換成斯巴達人對他們說：「雅典不需要城牆，你們有我們保護就夠了。朋友就是要守望相助，而我們不就是朋友嗎？不要說不是喔，不然我們會非常生氣。」

如今看著城牆的這名重裝步兵，在城牆建起時還沒有出世。他的父親在當時也只是個孩子，但即便年幼，他父親也被迫加入了築牆的陣容。提米斯托克利作為當時的雅典國王，下令要雅典人在最短時間內豎起一道牆，而他則負責去斯巴達向斯巴達人保證雅典人不會做這種事情。

在狗急跳牆的狀況下，雅典人無所不用其極用上了所有的石材。瓦礫倒是不缺，因為波斯人在撤退時破壞了一切他們搶不走也燒不掉的東西。但即便如此，他們還是得把原本沒倒的房子也拆了，然後把這麼變出來的石塊通通送到如雨後春筍在拚命成長的城牆邊上。這說明了何以雅典城牆會像個大雜燴。你可以看到這裡一根石柱，那裡有浮雕的一部，然後到處都有石塊為了將就著硬塞進空缺，被鑿子調整過形狀與大小的斧鑿斑斑。

在此同時，每一個預定要前往伯羅奔尼撒的個人都被禮貌性地扣留在雅典。當然，紙是包不住火的。斯巴達看似孤立在埃夫羅塔斯（Eurotas）谷中，但雅典砌牆這麼有爭議的大事，是不可能一點風聲都沒有的。紮營在斯巴達的提米斯托克利先是對所有傳言一概否認，然後等消息鬧得甚囂塵上，他又使出了緩兵之計，說要派支代表團回去釐清真相。

這支代表團就此一去不回，沒再重返斯巴達，而雅典的城牆也在此間不斷抽高。等公民兼工人用罄了適合的石材後，他們便開始把城外的墓碑也拆來用，重裝步兵的曾祖父之墓就是這樣跑到雅典的牆頭。此時，提米斯托克利才坦承雅典確實有牆。又大、又扎實，而且非常易守難攻的牆。你斯巴達人想怎麼樣？

這堵城牆有點急就章，但效果並不會不彰。反波斯聯盟後來無可避免地崩解，斯巴達與雅典撕破了臉。此時斯巴達人兵臨雅典城下，但他們完全拿雅典跟雅典的城牆沒有辦法。這部分重裝步兵還是見證過的。當時的他已經是個滿十八歲的埃菲比，一身盔甲站在父親的身旁。

他今天輪到站哨。承平時期，重裝步兵站哨的唯一風險是無聊到睡著。他暗自開心今天不用巡邏城牆，所以也不用去走那些歪七扭八的階梯和危險的坡面；相對於此，他今天只需要沿著長牆，平平安安地散個步，就可以抵達他要值班的那個可以居高臨下，飽覽港區狀況的哨站。

長牆在雅典的牆垣中，是個例外中的例外。開始修築這道長牆時，雅典人正因為勞里昂的銀礦與盟國勉為其難的進貢而有花不完的錢。長牆建在扎扎實實的石灰岩地基上，上頭還有為其量身打造切出來的石頭。話說要從雅典前往外港比雷埃夫斯，其實比較好走的是城內沿著壁壘的步道，而不是兩道長牆之間的通道。

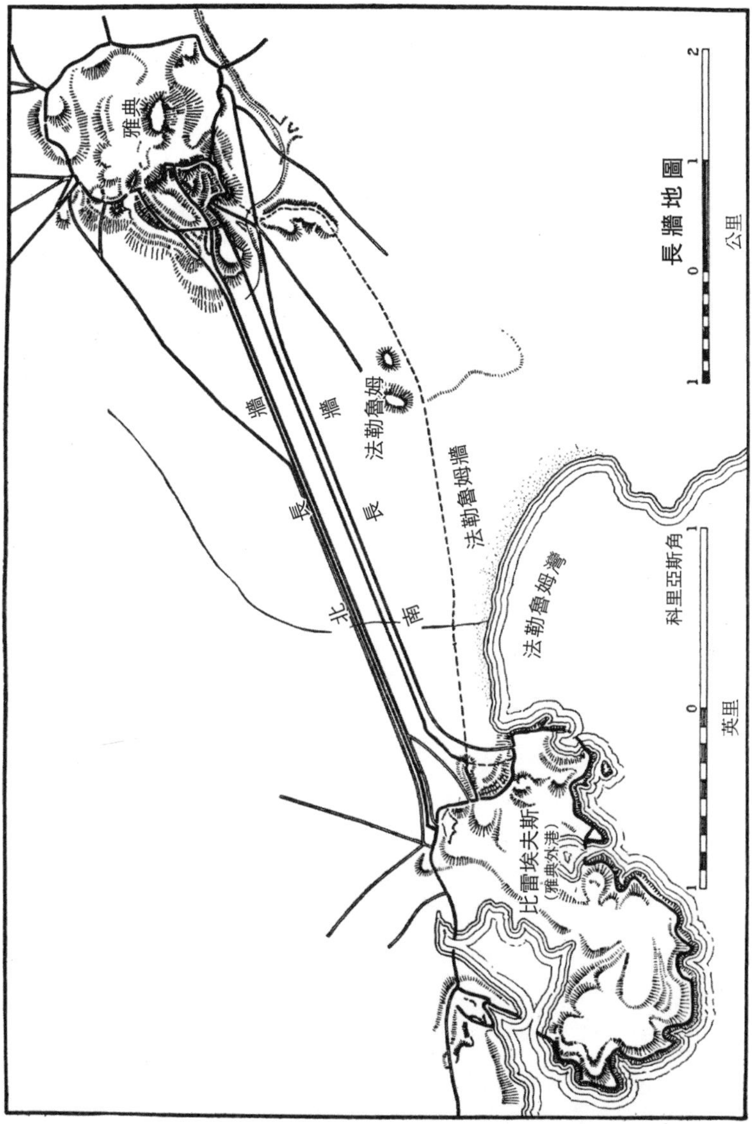

雅典與比雷埃夫斯：連著一道長牆，但兩座城市很不一樣。

確實，所謂的長牆，是一組兩片平行的壁壘，兩牆相距五百步之遙，並可有效阻絕雅典不與周遭的鄉野產生聯繫，進而讓雅典成為一座名符其實的陸島。入侵者可以盡情肆虐阿提卡的郊野，但只要雅典艦隊在海上沒有對手的一天，從比雷埃夫斯登陸的補給就會源源不絕，並在長牆的保護下被運送到雅典市內。事實上在長牆的阻隔下，就算偶有雅典衛兵在壁壘上調皮，掀起衣物向外露出個屁屁，外頭的圍城者也只能看在眼裡氣在心裡。

有條石階通往港口大門附近的壁壘，而正當年輕的重裝步兵要拾階而上時，一道甚是開心的叫聲讓他停下了腳步。放眼一看，沿街一間酒館的遮棚下，坐著一名長者。重裝步兵當場就認出了他是這座城市很知名的天之驕子，劇作家索福克勒斯（Sophocles）。

索福克勒斯對跟他一起圍在桌邊的朋友說：「看是誰來了，這座城市的一名英雄——保得我們周全的重裝步兵。」他揮了揮手要年輕人過去。重裝步兵稍有遲疑，但那畢竟是索福克勒斯，所以他實在無法拒絕。

這可是在為了在薩拉米斯（Salamis）戰勝波斯人的酬神頌歌中，帶領全城大合唱的男人，這可是伯里克利的朋友，甚至於他還是克蒙（Cimon）將軍的酒友。在距今二十五年前的薩摩斯（Samos）戰役中，索福克勒斯自己也當過將軍。他是個大權在握的名人，他的朋友也是大權在握的名人。除非這名小兵想接下來有一個月的廁所要刷，否則他態度最好不要太差。想到這一節，他便乖乖走向了老人家。

「坐，孩子。坐下。」索福克勒斯話說得客客氣氣。

「我，嗯，一會兒就要上哨了。」小兵有點緊張。他把屁股靠在了劇作家旁邊的凳子邊緣。

索福克勒斯

索福克勒斯在馬拉松戰役結束後不久的西元前四九六年，生於科隆納斯德姆。九十年後，他辭世於伯羅奔尼撒戰爭的尾聲。終其一生大部分時間，索福克勒斯都是一名活躍的劇作家，手撰一共約一百二十三篇劇本，其中最後一篇——他獲獎肯定的《科隆納斯的伊底帕斯》（*Oedipus at Colonus*）——完成於他去世的那一年，與他在西元前四六八年第一次得到戲劇獎，相隔六十二年。

憑藉他以底比斯城為背景的劇本，尤其是當中以伊底帕斯王為主角的各個故事，索福克勒斯把雅典劇場帶到了新的高度。他傳世的七篇劇作，至今都還不斷在世界各地被搬上舞台。

索福克勒斯的一個夥伴用陶罐倒了葡萄酒，然後添了些水，把斟滿的杯子遞了過去，但小兵搖了頭表示婉拒。

「他不能喝這個啦！人家在當班。」索福克勒斯怪罪起自己人。「那我喝。小心，這很滿。傳慢一點——就像交際花（hetaira）把酒傳給她隔壁躺椅的愛人一樣。」他口中的交際花，是有點像陪酒，但也有點像高級應召女郎，處於灰色地帶的存在。

「這下子你把人家弄到臉紅了。」索福克勒斯的一名同伴說，「詩人普律尼科斯（Phrynichus）是怎麼說的？『緋紅的雙頰像愛的光芒一樣，閃閃發光。』說得太好了，太美了。」

「沒錯，你對詩懂得還真多。」索福克勒斯說，「但普律尼科斯用緋紅來形容少年的臉頰，恐怕有點誤解。要是畫家把少年的雙頰抹上緋紅，也可以說是血紅，那少年就美不起來了。用不美的東西去比喻美麗的事物，恕我無法苟同。」

如坐針氈的重裝步兵是明白人，他很清楚這群借酒興裝瘋的長輩，拐彎抹角說出的殘酷，但他更氣憤的是不爭氣的自己現在臉漲得更紅了。他一心想把杯子遞還給索福克勒斯，然後禮貌周到地掉頭走人，去赴黑帝斯之約。

「欸，你那裡有一小片稻草耶。」索福克勒斯對重裝步兵說，示意著酒杯的邊緣。「拜託把它拿掉。你也不希望我喝酒喝得不開心，是吧？」「且慢！」索福克勒斯瑟縮了一下。「不要用你的手指。我們不知道你的手碰過什麼。這杯酒夠滿了，你把稻草吹掉得了。」

重裝步兵拿高酒杯，噘起嘴唇要吹。眼看他要吹出風的時候，索福克勒斯挨近過來，然後迅雷不及掩耳地用手臂把年輕人抱個滿懷，拉他過來熱吻了一番。嚇了一大跳的士兵，動彈不得地繼續坐著，而在場的其他人則爆出了歡呼與掌聲。不知怎地，重裝步兵在這過程裡只能想到一件事情，那就是如何把酒杯放回桌上而不灑出一滴酒。就在他努力做到這一點的同時，悲劇詩人索福克勒斯把舌頭擠進了他的雙唇內。經過一番掙扎，士兵終於掙脫了開來，一躍而起。

「漂亮！」一名同伴告訴此時看起來不可一世的索福克勒斯。

「我是在練習謀略，各位。伯里克利說我只懂詩，不懂如何當個謀士。可是我剛剛那招完全奏效，不是嗎？」

索福克勒斯在伯里克利手下當過將軍，出過一趟海上任務。聽他稱讚一名年輕人的美貌，伯里克利告訴他：「索福克勒斯，身為將軍的人不僅雙手要乾淨，眼睛也不能亂飄。」

普魯塔克《伯里克利傳》第八章
(*Life of Pericles*)

沒人關心的士兵掉頭就走，但受辱的無助與憤怒讓他全身發抖。唯一從他身後追上來的只有一句言不由衷，伴著他走上台階來到壁壘邊的「再會」。

不久後，當哨長來巡視時，重裝步兵正式提出了申訴。但哨長對此並不以為意，因為索福克勒斯的德性無人不知曉，所以哨長覺得士兵去跟他同桌，還用他杯子喝酒的時候，心裡就應該要有所提防了。何況就算想要處理，哨長也無能為力。技術上來講，重裝步兵當時尚未上哨，所以索福克勒斯沒有妨礙公務的問題。士兵可以請他父親代表去抗議，但那要付出的代價就是結下許多不必要的梁子，所以掐指一算也不太划得來。他知道自己只能把這件事拋諸腦後，畢竟那些老不修也只是在胡鬧。

色情狂之索福克勒斯

這個酒杯事件記載在作家阿特納奧斯（Athenaeus）所著的《哲學家盛宴》卷十三（*Deipnosophists* 13.81）裡，文中的事件不是發生在雅典的酒館裡，而是在希俄斯島（*Chios*）晚餐時分的派對，至於苦主也不是青春洋溢的重裝步兵，而是一名名叫荷米希勒烏斯（Hermesileus）的青年。除此之外事件的過程，包括所有的對話，都跟實際發生的狀況一模一樣。

與重裝步兵一起值班的衛兵，也像個哲學家似地進行了分析。「那個索福克勒斯沒什麼好說，就是個變態來著。成年男人受青春期的少年吸引，是很自然的事情。但在另一個成年男性身上尋求『少年愛』（eromenos），可就不自然了。如果這麼亂來的人不是索福克勒斯，肯定有人早就看不下去而出手干預了。

「嘿，你聽說了索福克勒斯，還有尤里比底斯的那件事了嗎？顯然沒見過老人耍寶別說你見過三寶。」

還與爸媽同住的重裝步兵過著有點封閉的小日子，但不想被發現自己太過天真且與時事脫節的他只是若無其事地應了句：「你說。」

衛兵說起了故事。話說有段時間前，索福克勒斯人在城牆外邂逅了一名農場少年。少年顯然已經很習慣被年長的有錢人搭訕，於是兩人很快就達成了協議。最終兩人把少年的斗篷墊在地上，在上頭脫了個精光，並用索福克勒斯的斗篷護住兩人僅存的一點廉恥。事後少年帶著索福克勒斯的斗篷，一溜煙離開了現場。

那是一件價值不菲的斗篷，而索福克勒斯只能悻悻然，帶著少年那件臭氣沖天的廉價尤比亞島羊毛斗篷離開。他千不該萬不該，在公開場所抱怨這起斗篷竊案——他被所有人笑了一輪。跟索福克勒斯齊名的尤里比底斯還以此創作了一個笑話——那是一首敘述人沒享受到一段開心時光，但斗篷好端端的在身邊的短詩。不甘示弱的索福克勒斯也為詩一首來加以反擊，而他用來大做文章的是尤里比底斯與某色雷斯商人之妻的緋聞。

眼睛一閉，衛兵開始唸了起來：

我被炙熱的太陽脫了個精光，而不是被某名少年家

我可不像你，尤里比底斯，會去親吻有夫之婦
……
那些在別人的田地上播種的傢伙
沒資格罵厄洛斯[1]不該抓了就跑。[2]

「聽著，等下了哨，我們一起去那家酒館吧——碼頭區邊上的的那一家。那兒的老闆很好，不會介意我們把裝備放在櫃檯後面。回家路上在那裡喝一兩杯酒真的太過癮了。我會介紹你認識雅典娜——不過不要被這名字騙了，她沒有那麼聰明，很會交際倒是真的。她同時也沒有一臉的灰白鬍鬚，因為她比上一個跟你打得火熱的對象年輕五十歲。怎麼樣，有沒有興趣啊？」

1 Eros，希臘神話的愛與情慾之神，相當於羅馬神話裡的邱比特。
2 作者註：斗篷遺落的情節出自被羅馬帝國時期作家阿特納奧斯所引用，一份名為《對巡迴哲人羅德島的赫羅尼姆斯的歷史評價》（*Historical Commentaries of Hieronymus of Rhodes*）的佚失文本，包括索福克勒斯的憤怒小詩也被完整收錄在阿特納奧斯所著《哲學家盛宴》卷十三（*Deipnosophists* 13.82）裡。

古希臘的同性戀

技術上來說，同性戀並不存在於古希臘，因為英文裡的 Homosexuality 這個字，其實年紀還不到兩百歲。古雅典人對這件事情抱持完全不同的視角，因為他們認為性就是性，不用分得那麼細。整體而言，只要一個男人在性事中擔綱「男性角色」，那他就會被視為正常而陽剛的男人，至於接受性愛的那一方是男性奴隸、男性少年，還是娼妓或明媒正娶的妻子，都不會有損於他是個雄赳赳氣昂昂的雄性。

對青少年男性的性慾，會在二十一世紀的今天讓人有坐不完的牢，但在古雅典，這樣的情慾卻受到鼓勵。年長的男性會關心他年輕戀人的發展，會送他小禮物，還會指導他成為一名蓄鬍的成熟男性，然後就此終止雙方的肉體關係，但他們還是可以當一輩子的朋友。

一名成熟的男性若持續接受其他男性的愛意，就會被詛稱為阿里斯托芬在劇本裡所稱的「寬屁股」。這些男性會被認為十分可悲。事實上英文裡的 pathetic（可悲）這個單字，就典出 patheticos，也就是雅典性關係中的被動接受者。

(16:00-17:00)

第17章　日間的第十一個小時

當時身手矯健的內里亞德號在海面上，真的叫做乘風破浪，讓緊抓住帆索的船長帕里歐諾托斯好不開心，一臉笑意。

船長入港

「那兒就是康塔羅斯碼頭了。」一名水手甚是滿意地說。

帕里歐諾托斯聞聲鬆了口氣，並開始拿出銳利的目光，仔細端詳起船艙底的積水。今早的深海長浪已經消退，內里亞德號如今正放下了船帆，朝西北方前進。上了年紀的它並不善於應付渾厚凝重的大洋。每回它揚首跨過海上的浪頭，然後朝著波谷底部狠狠拍下去，整艘船都會發出讓人魂飛魄散，好像船身要解體了似的嘎吱聲，此時海水也會從被鹽分弄彎的船身縫隙中噴入，彷彿在嘲笑那些才於那年冬天被填入木板之間，當成填充物來避免海水滲入的瀝青。不過話說回來，船身進點水也不是沒有好處。反正進了港，艙底的積水也不會再加深太多，而需要把船內的水抽乾，也可以讓水手有事可忙，免得他們在這條老船靠港時去惹是生非。

帕里歐諾托斯帶著發疼的關節，離開了艙底的幫浦，爬上了桅杆的基底，來到了甲板上，為的是要觀察他們接近著的海港。他不知道自己跟內里亞德號還能這樣搭檔多久，畢竟他們都是老骨頭了。他們一人一船，現在該有的歸宿是悠閒地航行在尤克辛海（Euxine Sea，今黑海）上，船裡帶上乘客與沿岸收取的短期貨物，然後每三五天就可以帶著各種小玩意與給孫兒的禮物回到他在寧菲安（Nymphaion）的母港。帕里歐諾托斯發誓這趟是他最後一趟運送穀物了，但這種誓他每年發一次，也有十年了。

誰叫跑船到雅典這麼好賺呢？雅典人需要進口穀物，為此他們也不惜重金鼓勵商賈提供貨源。首先，除非內里亞德沉了，否則這趟船幾乎是穩賺不賠。這是因為還在尤克辛海北岸的寧菲安時，帕里歐諾托斯就已經跟雅典官方收購單位「西托尼斯」（sitones）的代理商談好了價格。另外他會以船作為抵押，向代理商以百分之十五的利率貸款向上游購糧。

說到上游，他會跟在地收購內陸農夫作物的批發商討價還價。最終的目標，是能把三百尊雙耳壺的穀糧（約當六千兩百公升的量）賣到利潤不低於百分之八十五的價格。由於售價已經跟雅典的代理商談妥，因此在揚帆的當下，帕里歐諾托斯就已經了然於胸這批貨能有多少錢進帳。

船在離開尤克辛海之時，會被迦克墩收一筆百分之十的稅，到了雅典有港口的規費，然後就是三名船員的薪水，但這些林林總總的成本加起來，都可以靠回程時收的貨運費來抵銷，所以運糧到雅典等於是淨賺。他進貨的貸款雖然是以船隻當抵押品，但擔保人是雅典城邦，所以即便內里亞德號真的在前往雅典途中沉了，那債務於他也就一筆勾銷了。

除了生意，帕里歐諾托斯航行到雅典還有另外一個原因——一個感情不算豐富的他，即便在內心也不敢對自己承認的原因。確實，即便順風滿帆，內里亞德號也快不起來——但他反正不急，不是嗎？走慢點反而讓他有更多時間夾在希俄斯島外海淡藍色的春天天空與深邃而清澈的湛藍海水之間，享受那純然的自由，這時的他可以完全放空，只做一件事情，那就是躺在甲板上看著蓬鬆的白雲從頭頂飄過。又或者他可以駛入陰涼的海灣，在船側釣魚釣個幾小時，等魚上鉤時就看著內里亞德號的黑影穿過三公尺深的透明海水，清晰地投射在白沙之上。

只要有人肯聽，帕里歐諾托斯就可以拿工作辛苦抱怨個不停，但一項很簡單的事實是他對水手生活充滿感情，尤其是在現在這個時候，自由自在地朝著比雷埃夫斯港的康塔羅斯碼頭前進，午後長長的日影從阿克特半島的山丘上射下來，蓋住了港口東側的柱廊與市集，而遠方則有其實是呂卡維多斯山（Mount Lycabettus）的巫婆帽，斜斜地在陽光下閃耀。這是一種只有水手才會懂的感覺。又一次，海神波塞冬忍住沒有出手，而是導引他進入了避風港。不論是突然襲擊尤克辛海面的風暴，還是阿索斯山下那些會讓船隻喪命的洋流，抑或是出沒於賽克拉德斯群島（Cyclades）間，狡詐凶狠的海盜船，都又一次沒有傷害到他。

以一種感同身受的口氣，帕里歐諾托斯告訴船員：「我們又成功了一回，小兄弟。」而這就代表是時候操控內里亞德號入港了。遠方的港灣入口好像一直沒變近，但拖在船後的波浪顯示他們正在快速前進。然後說時遲那時快，港灣入口右側的柱子——水手們口中的「提米斯托克利之柱」——已經幾乎來到他們身側，而這就代表船帆應該減少吃風，由帕里歐諾托斯親自到船尾控制雙槳的時候到了。這裡的雙槳，發揮的是尾舵的功能。

內里亞德號是一艘被稱為「克爾庫羅斯」（kerkouros）的商船，意思是「剪尾」，因為克爾庫羅斯的屁股幾乎是平的。入港之後，內里亞德號會倒著用屁股泊岸，船首對著港灣。等船尾綁好在纜樁上後，中間再搭起一片步橋，卸貨就變得很簡單了。

在船隻泊岸的同時，帕里歐諾托斯得決定一件他想了整趟航程的事情。簡單講，事情是這樣的：內里亞德號已經老邁。構成船身的松木取材自阿勒坡附近的山麓，當時帕里歐諾托斯還是個孩子，而如今他已年屆六旬，船比他也年輕不到哪去。船桅的基座曾兩次被調高，為的是騰出艙底空間來容納更大的幫浦，那是因為現在每一次出海，船內會積水的內里亞德號都是在跟時間競賽。

這艘船的始建，是依循傳統的方式——首先用木板小心翼翼地組裝出船身，然後等船的外殼有了，再於內部插入一條條的船肋，並固定以大型的銅釘。帕里歐諾托斯還記得他父親是如何把祖傳的一點農地拿去抵押，才買下了這條小船。當時身手矯健的它在海面上，真的叫做乘風破浪，讓緊抓住帆索的他好不開心，望著圖案鮮明的帆面一臉的笑意。

那張帆面如今已更換過許多次，且即便是最新的這一面，也已經是褪盡光華而一堆補丁。但話說回來，帕里歐諾托斯需要擔心的何止帆面，船體的問題才大好嗎。身為一名夠資深的水手，帕里歐諾托斯沒有天真到自己可以強運到永久。

內里亞德號

內里亞德號的原型是一艘一九六〇年代被發現在賽普勒斯外海，名為齊雷尼亞（Kyrenia）號的沉船。就跟內里亞德號一樣，齊雷尼亞號也上了年紀。但即便以沉沒之際八十歲的高齡，齊雷尼亞號也並非壽終正寢。嵌在船身上的箭矢顯示齊雷尼亞號是先遭到挾持，然後被認為它不值得留的海盜弄沉。其遺骸之完整，讓後人得以復刻出一艘齊雷尼亞二號。直到今天，齊雷尼亞二號仍以賽普勒斯文化大使的身分四海遨遊。

想知道更多關於這艘船的傳奇之處，見一九八一年《國家地理學會研究報告集》第十三冊（*National Geographic Society Research Reports*, vol. 13）。

終有一日，一陣猛烈的強風會咆哮著從尤比亞島的山頂俯衝而下。滔天的大浪會洶湧而至，把內里亞德號耍得團團轉，彷彿它不是艘船，而是木桶裡的碎片一樣。就算它那孱弱的身子骨沒有直接被潮流扯得四分五裂，內里亞德號也會因為吃太多水而沉入大海。即便在相對風平浪靜的這天，壯闊的海洋也在船身上撐開了幾乎有一指寬的縫隙，不斷往底艙裡冒水。帕里歐諾托斯看著如今用油布信手塞住的那些縫，總覺得很不順眼。

他應該要面對現實，接受內里亞德號已在愛琴海完成最後一次巡禮了嗎？是時候讓這條老船退休，讓它在晚年在沿岸幹點輕鬆的活了嗎？還是他應該把這幾趟旅程的獲利通通砸下去，讓內里亞德號在大修之後再戰十年？

雅典盛產銀礦。但勞里昂產的方鉛礦是大量的鉛裡藏有一點銀，要分離掉鉛才能得到純銀，而這也使得鉛在雅典非常廉價。帕里歐諾托斯在考慮的是常用來讓老船繼續浮著的補救之道——在船身外敲上一層薄鉛，由這層鉛鞘提供船身防水的功能。

從船首到被切掉屁股的船尾，內里亞德號長二十六腕尺（約十二公尺），最寬處九腕尺（四點三公尺）。所以即便是用比較便宜的鉛，這船修起來也不便宜，更何況用鉛來修補船身並不好拿捏。弄得太薄，鉛會與船體一起彎曲，終至斷裂，到時候漏水的地方將不減反增；弄厚一點，鉛對船體的保護會比較周全，但鉛的重量會縮短乾舷（從水線到甲板的距離），而這麼一來船就載不了原本的貨運量，好處是壓艙物可以少一點。帕里歐諾托斯陷入了長考，然後他決定要先到海堤上跟專賣船具的商人聊聊，這樣他至少可以得到些報價。但就在此時——

「船！注意有船！」一名甲板水手喊出聲來，讓帕里歐諾托斯突然大夢初醒。一艘大個頭的腓尼基商船正朝他們泰山壓頂而來，看來是想要趕在內里亞德號之前進入港灣入口。這類商船將三百噸的貨物擠在將近三十公尺長的船上，且上頭的船長都惡名昭彰地對擋路的小船毫不忍讓。確實，靠著上頭動輒數十名的水手，這些商船不僅可以打退大部分海盜，甚至遇到下著錨而落單的小船，他們偶爾也會趁人不備，當一下兼差的海盜。

這艘腓尼基商船吃水很淺，淺到帕里歐諾托斯懷疑他們載的是來自埃及的莎草紙，頂多再加上來自印度的檀香木與香料。這商船的航速是內里亞德號的兩倍快，由此帕里歐諾托斯必須傾全身之力壓住控制方向的舵槳，才能把船拉到一旁。憤怒之餘，他也沒忘了令船員替船帆卸風（減少吃風量），免得他們一不小心擱淺在防坡堤上。帕里歐諾托斯記下了腓尼基船首的造型公牛徽章。等港務首長上船來跟他收百分之一的泊船費時，他肯定要疾言厲色地申訴一番。

內里亞德號業已失去了御風前進的動能，所以甲板水手必須放下長槳，用划槳的方式把船停進泊位。一名船員端詳起了港邊的圍牆。

「瑟雷西羅斯呢？他平常不都坐在那兒——就在那鐵鍊上。」（遇到戰時的入夜後，這些鐵鍊會被鎖在入口處，讓外船進不來——須知曾有驍勇的斯巴達將領策劃派海上突擊隊來夜襲比雷埃夫斯的核心。）

「瑟雷西羅斯？他不在了。」帕里歐諾托斯漫不經心地說。他正專心控制著如今愈來愈難控制的方向，畢竟內里亞德號被商船剛剛那麼一擠，沒有循正常路徑進港。「你上次沒來，所以你不知道。」

瑟雷西羅斯是港裡的傳奇。作為一名和藹可親的神經病，瑟雷西羅斯覺得在港裡來來去去的船隻都是他的。他會在港邊牆上找個高處坐下，記錄下「他名下」船隻的熙來攘往，為此他還準備了一本密密麻麻的記錄簿。[1]

「發生什麼事了？」

「是瑟雷西羅斯的兄弟厭倦了他這樣瘋瘋癲癲，帶他去看醫生了。那醫生很有兩下子，瑟雷西羅斯一整個藥到病除。」

船員幹譙了起來。「不會吧。我喜歡那老傢伙原本的模樣。他會讓我詳閱他的簿子，讓我知道那天有沒有我的朋友進港。或起碼看到朋友的船有最近的入港紀錄，也算是他們跟我間接報了平

1 作者註：瑟雷希羅斯（Thrasyllos）這名瘋癲的「船隻觀察家」是歷史上真實存在的人物。他的故事首見於作家赫拉克利德斯（Heraclides）一篇名為〈論歡愉〉（On Pleasure）的文中，並獲得阿特納奧斯在《哲學家盛宴》卷十二（*Deipnosophists* 12.81）引用。

遠方可見雅典的比雷埃夫斯港。

安。神智不清的瑟雷西羅斯根本是在服務跑船大眾。他變回正常人真的太可惜了。」

「瑟雷西羅斯跟你有同感。」帕里歐諾托斯說，「以前坐在陽光下的港邊看『他的』船隻出出入入，是他人生最快樂的時候。他在病好了之後重試了一遍，但感覺整個都跑掉了。他現在替家族在埃克嵩尼（Aexone）附近的莊園顧牛。」

內里亞德號在夕陽沉向地平線時滑壘進了港內，而這也讓帕里歐諾托斯因為在完美的時間壓線而暗自十分欣慰。已經航行了一整天的他們要是晚兩個小時到，就會被逼著在離岸處下錨，或是繼續把船駛至附近法勒魯姆的海灘上，主要是天色一暗，想在擁擠的康塔羅斯把船停妥就會非常困難。

老水手掃視著眾碼頭。康塔羅斯是阿克特半

島上的三個港口之一，其東邊可見的是齊亞港（Zea）。話說齊亞港一度是雅典的穀物進口港（齊亞本意就是二粒麥）。如今的齊亞港搖身一變，成了雅典海上勁旅的艦隊基地，但舊有的穀倉仍在附近市集的丘頂。帕里歐諾托斯要停在東側，正是因為那兒距穀倉較近。

一艘屬於港口的泊船載滿了農產，從內里亞德號的船首前方切穿，上頭一整籠的雞隻正好提醒了帕里歐諾托斯，他明天一早得去向荷米斯與波塞冬獻祭，謝謝兩名神祇一路上庇佑自己。隨著駁船與他們漸行漸遠，帕里歐諾托斯手指了出去。

「就在那裡——我們的泊位就在那裡。」

(17:00-18:00)

第18章　日間的第十二個小時

都市規劃者接受交叉詰問

隨著外頭的暮色日漸加深，酒館後方的法娜哥拉點亮了一整排小油燈裡的第一盞。她正要把一尊雙耳壺裡的新酒開來賣，所以想先確認酒渣已經沉澱完。昨天一名酒客曾尖銳地要求把他點的酒，倒進他特意準備的斯巴達遠征杯。這種杯子在內裡有一圈一圈同心圓似的內凹，作用是在征途中若行至摻著泥沙的溪流中取水，可以靠這些內凹把雜質卡住。而這種杯子拿來對付過濾得很差的雙耳壺酒，也非常好用。法娜哥拉很自豪於她提供的餐飲品質，所以這種含沙射影的指控深深將她刺痛。她此時正小心翼翼地檢查著商品，即便這一罐雙耳壺裡是幾乎完全不透明，來自希俄斯島的「黑酒」。[1]

剛一入夜，酒客們紛紛上門來——操勞了一天，全身是灰的工人；從阿哥拉廣場過來的店老闆；散落在比雷埃夫斯四處，眾多小工廠裡的工匠。他們有些人是奴隸，有些是僑民，還有些是土生土長的雅典居民。法娜哥拉並不在意客人的出身，重點是你付的酒錢要是真錢。此外還有少數酒客是來自

1 作者註：現代人觀念中的深色紅酒，在古希臘被稱為「黑色」的酒，原因是深紅色在燈光下的陶杯中，看起來就是黑黑的。荷馬能夠在其詩句中提及「酒一般黑色的大海」，正是這個原因。

碼頭的旅客。不少人都喜歡先在這裡喝兩杯提提神，再慢慢從兩道長牆間前往正宗的雅典。

疑似這種旅客的，是在角落坐著的一名長髮外國人。他一邊把一撮油油的灰髮捲在食指上玩弄，一邊不以為然地盯著路街的遠方。他身上穿的是保暖而舒適，但廉價了點的綿羊毛，手上戴著的卻是一枚枚在義大利加工的金戒指。這讓法娜哥拉看得內心有點疙瘩。她的客人大都是奉公守法的好人，但總有些手腳不乾淨的害群之馬會忍不住誘惑，對一眼就能看出是外國人的對象下手。

「那些攤位，我說那邊——誰准他們在那做生意的？」他質問起了來幫他斟酒的法娜哥拉。「那些都已經是固定式的結構了，應該要移除。那條街的用意就是要讓暴雨時有個可以洩洪的出口。」

「那你可就不用擔心了。」從樓上下來幫岳母晚班一臂之力的潘塔基斯說，「那條街是個下坡，雨水會自然而然流瀉到他們四周。」

「那不是重點。」陌生人大聲地據理力爭。「我

陶土油燈。私人住宅中的這類油燈往往比較精雕細琢。

們這裡是孟齊伊亞（Munchyia：比雷埃夫斯三港的另外一港），而在那座山丘底下，所有的一切都嚴重被人為挖空或被自然淘空，你想在裡頭擱好幾棟房子都放得下。如果這條街的行水受阻，那雨水就會倒灌回孟齊伊亞，造成我們這裡的災害。」語畢他以指代劍，狠狠地指向了那些攤位。「那些東西不應該在那出現。」

「你一個外國人，似乎對在地地理瞭若指掌。」一名酒店的常客開了口。

「好說。」陌生人說，「孟齊伊亞——山丘與港口，在那一邊。通往阿克特的幹道與穀倉群，在那個方向的兩條街區外。前往主港的捷徑，則是朝那個方向走三個街區後右轉，而你要是到了那兒，別忘了跟管事的說一聲，路口處水泉的管線該修了。雅典人的集體智慧，難道就不能理解都會需要修繕的概念嗎？」

這話說得讓現場的工人紛紛產生了防衛心態。對他們來說，比雷埃夫斯沒什麼大問題好挑剔。這裡有筆直的街廓，為的是讓風勢可以順利把臭氣和煙霧吹散。另外，這裡的街道設計也很貼心地顧及了角度，好讓家家戶戶都可以接收到日照。歪七扭八的老街、搖搖欲墜的破房，還有年久失修而沒有人找得到管路在何處的供水系統，都得去「阿斯提」（asty：相對於城邦外圍的正雅典）才見識得到。比雷埃夫斯的居民，在這港都住得是很滿意。

某工人一臉狐疑地望向陌生人。「話說，您是何方神聖來著？」

「我是希波達莫斯！」陌生人展開了雙臂，坐著鞠了個躬，就像演員在劇院接受觀眾鼓掌似的。這簡短的自白，讓現場陷入一片深思與沉默。

希波達莫斯，這名字倒是不陌生。新劇場的南邊就是比雷埃夫斯在地的阿哥拉廣場，而那裡就叫做希波達莫斯阿哥拉廣場。同樣冠有這個名字的在地設施還包括一些建築物，外加港邊不遠處的一處路口。之所以如此，是因為整個比雷埃夫斯的設計都出於希波達莫斯之手。

傳自店後方的一道聲音打破了漫長的靜默。「你就是那個希波達莫斯喔。我還以為你幾百年前就掛了。」

「我活蹦亂跳的好嗎？」都市規劃師嗆了回去。「我只是旅居在義大利的圖里恩姆（Thurium）。不過經你這麼一提，沒人認識跟死了好像也沒兩樣。」同一時間，法娜哥拉望穿酒店的窗戶，瞅著外頭慢慢變暗的街道。她還是個少女的時候，外頭只是一片瓦礫跟山羊走的小徑。她想起了是伯里克利親自聘請了希波達莫斯，希望藉他之力把這裡打造成有模有樣的港都。

希波達莫斯曾宣稱會有這份聘約，是因為他重建被波斯人毀於伊奧尼亞戰爭[2]中的米利都

2 Ionian Wars，亦稱伊奧尼亞起義（或愛奧尼亞起義），為古希臘時期的西元前四九九到四九三年間，在伊奧尼亞（即安納托利亞西南沿海）等地發生的一場起義，主要是小亞細亞在米利都鼓動下反抗波斯統治的抵抗運動，最後以失敗告終。

（Miletus），成果令伯里克利印象深刻。伯里克利很中意棋盤狀的街道設計，所以就問希波達莫斯能不能把同一套移植到比雷埃夫斯。希波達莫斯老愛掛在嘴上的，就是在他之前，從來沒有人想到要讓橫直街道以九十度的直角交叉。只是即便他話說得這麼滿，愛琴海對岸的安納托利亞早就著棋盤狀格局的城市，而且那些街道都存在了上千年。甚至連也在小亞細亞的米利都，在那些還記得陳年舊事的今人描述中，都在被波斯人大卸八塊後又拼湊回大致的原貌——包含棋盤狀的市區。

「總之，重建米利都是很久以前的事了。工程開始時你頂多是個十來歲的孩子。」法娜哥拉說。

「我只是保養得比較好而已。」希波達莫斯反駁說，「好山好水的圖里恩姆就是有這種效果。米利都的棋盤街道要不是我的手筆，伯里克利怎麼會延聘我？」

從在酒桶旁的一個座位上，一名滿臉鬍鬚加一頭波浪捲髮的男人像學童一樣舉起了手。二話不說，法娜哥拉很配合地演起了老師，用充滿權威感的手指點了他的名字。「安提西尼，蘇格拉底門生，你站起來回答。」

「因為你寫了《都市設計的要素》，[3]而伯里克利很喜歡這書。還有你對於城市土地劃分的觀念是將其分成公共地、私用地，還有神聖之地，並且你構想中的城市，是由不可分的個別部分所共組的單一體系——蘇格拉底稱之為革命性的發想。」

安提西尼對這個主題瞭若指掌。蘇格拉底對希波達莫斯說的東西可多了，但安提西尼很有手腕地只挑了好聽的部分說。蘇格拉底還對希波達莫斯提出的社會工程理論很有意見，他的原話是：「這是出自一名自封的萬事通之手，瘋癲的幻想。這人說得一口好政治，卻對其實務運作毫無經驗。」這樣尖銳的批判，是針對希波達莫斯建議把市民分成三個階級：工匠、農夫與士兵。「要這麼分，誰能攔得住士兵控制國家呢？」蘇格拉底曾有此一問。安提西尼正準備要拿這一點去質疑希波達莫斯，但被法娜哥拉擋了下來。

「謝謝你的評論，安提西尼。你可以坐下了。」她說完這話，便轉身面向了希波達莫斯。「我們的蘇格拉底透過他的門生，對你提出了讚美。對此你有何回應？」[4]

「我的回應是請多給我點酒。」希波達莫斯說，「要我繼續講都市設計的話題來取悅在座的男士，老闆娘就該多招待我點喝的，這樣才算公平吧？」

3 *Elements of City Planning*。

4 作者註：我在此把亞里斯多德反駁希波達莫斯的話，放進了蘇格拉底的嘴巴，反正亞里斯多德說這話，多半也是從師公蘇格拉底那兒學來。

希波達莫斯是米利都人歐呂丰（Euryphon）之子，也是發明了格狀城市概念，並以此概念將比雷埃夫斯進行了裁切之人。他發展出了一種有點另類的生活風格。他在某些人的眼中是個紈褲子弟，主要是喜歡引人注目的他熱中於打扮得珠光寶氣，還留著一頭飄逸的捲髮。但同時他又一年四季都穿著暖歸暖卻很廉價的衣物。他一心想成為眾人心目中一個在科學上博學多聞之人，同時他也是第一個對憲法並無任何實務知識，但仍嘗試對憲法最佳形式高談闊論之人。

亞里斯多德《政治學》卷二 1267 b18

續杯成功後，希波達莫斯便一頭栽進了他顯然已經背誦過數十遍的長篇大論。「首先，不要覺得你的城市已經完整了。城市是一種有機體，是種跟樹木一樣有生命的東西。既然是生命，那它就會成長，會改變。你必須要為其保留成長與改變的空間。這就代表你在規劃城市時，必須要有彈性。若言建築房子時的基本單位是磚塊，那建構城市時的基本單位就是街區。至於想圍成一方街區，你需要的是從南到北與自東至西的道路。

「有了一個個街區，我們要把最重要的建物放在市中心，並保留間距以避免交通壅塞，接著再讓主幹道不要貫穿這些建物，而是要沿著建物外圍跑。我們可以拿亂七八糟的雅典阿哥拉，跟出自我手筆的，比雷埃夫斯的希波達莫斯阿哥拉相比。相較於雅典的阿哥拉被不止一條，而是兩條主幹道貫穿心臟，我設計的比雷埃夫斯阿哥拉則把道路放在外圍，讓其一路通往阿提米絲神廟卻不會影響廣場，更別說那還是條寬六十腕尺的路，路幅足以容納節慶的人潮、遊行的行列，乃至於隨便什麼你想要辦在那裡的活動。」[5]

希波達莫斯忍著沒說的是伯里克利並不全然信得過龍蛇雜處在外港，算不上順民的這一群住民，畢竟擁擠的這兒混居著僑民、商賈與外國勢力。算是有備無患，伯里克利讓希波達莫斯把主幹道造得又寬又直又沒有遮蔽。這固然對來往的交通是好事一樁，但其真正的用意是道路愈寬，愈不利於暴民或叛軍拉出一條防線。不說沒人知道，那路寬到足以讓一隊重裝步兵列陣直搗港區。

這最後一點不能說的祕密一旦曝光，肯定會讓由民風剽悍的草根居民、外國人還有僑民共同組成，希波達莫斯面前的這群酒客聽眾非常不爽。但他也知道隨時會有心眼比較多的居民懷疑起雅典的統治者別有用心，所以他便先下手為強，趕忙解釋起筆直街道設計背後的邏輯。

5作者註：色諾芬《希臘史》卷二第四章第十一節。

伯里克利想要把比雷埃夫斯打造成一個模範城市。一旦疏濬水流的溝渠在街道上走得彎彎曲曲，溢流的可能性就會大幅升高，屆時倒灌的汙水就會影響到輸往家家戶戶的乾淨水源。希波達莫斯主張若那些該死的掌權者可以把管線維護好，那比雷埃夫斯的供水品質理應徹底把雅典市的表現給比下去。那是因為街道走直線，你便能把管線鋪設到最後一哩路。

法娜哥拉默默地對此深有同感。她就住在一間希波達莫斯設計的房子裡。在她一家子入住的當時，雅典人正以每星期十棟屋子起跳的速度在建設比雷埃夫斯——多的時候有二十棟。每間新屋都有相同的格局：兩層樓、一個小花園、一間位於後方的廚房。由於大家都知道房子的臥室與入口在哪兒，所以不論是起火了需要救災，或是要把日常用水送到門口，困難都不存在。她不得不承認——比雷埃夫斯是個宜居的城市。你可以覺得希波達莫斯的為人在許多方面有失，但他無疑是個優秀的都市規劃師。

「所以是什麼風把你從圖里恩姆吹來這裡？」一名聽眾邊發問，邊為了套話而用自己的酒杯把希波達莫斯的酒杯給斟滿。「是因為你想回到雅典來針砭你自己的作品嗎？」

「是羅德。」這名都市規劃師回答。「我是要前往羅德。那兒將來會是一個很偉大的城市。記住我說的話。」

這讓希波達莫斯被投以若干困惑的眼神。聽眾裡比較四處見過世面的成員知道羅德根本不是個城市。那是個有著一堆村子，東一個西一個錯落在山坡上的島嶼。

「我接受委託來調查這座島嶼，並挑出其中適合建城的位置。」希波達莫斯語氣裡甚是得意。「一如雅典先王忒修斯團結了阿提卡的各個德姆，並設置了雅典為首都，羅德島上的諸多村落也正匯聚成單一的城市。而我的任務，就是要去替他們把這醞釀中的城市設計出來。雖然模仿我的人很多，但羅德島的百姓就是要我這個正牌的名家。」

「模仿你的人？」法娜哥拉隨口一說，換來的回應卻十分激動。

「是的，模仿。我都叫他們是小偷，那才是他們正確的名稱。你偷拿人的錢包，會被秉公以竊盜罪法辦。但他們偷了別人腦子裡的點子——那些點子可比錢包值錢得多——得到的卻是喝采與賞賜。這世上若還有一絲公理正義，那每次有人把城鎮弄成棋盤，我，第一個有此發想的希波達莫斯，都應該收到一筆版權費才是。」他頓了一拍，想起了批評者提過小亞細亞就有古代的城市方陣。

「當然這要排除蠻族。他們有過什麼想法與我們無關。我們跟他們兩不相欠，但國家應該要獎勵那些對城邦有貢獻的人，就像他們獎賞雕刻師與畫家對城邦的美化，或是士兵對城邦安全的保障。結果我的創意被免費拿去用不說，用完還被人偷走。」

安提西尼再次加入了戰局。「當你的錢包被人拿走時，你就沒有錢包了。但當你的創意被人拿去用完，你還是可以擁有同一個創意，不是嗎？這就像我借你們家的爐火來點，我得到了我要的溫暖，卻也無損於你家的火苗。」

「伶牙俐齒，真不愧是蘇格拉底教出來的。」希波達莫斯齜牙咧嘴地說。「再者，讓人因為精采的創意獲得獎賞，會有一個風險，那就是我們會讓創意變成一門商業的生意。這裡是雅典。我們擁有取之不盡用之不竭的創意。但萬一有人覺得他可以默不作聲地把點子拿去底比斯或科林斯待價而沽，那我們該如何是好？」

讓為國家貢獻創意的人得到賞賜，聽起來是好事一樁，但那會是一項非常危險的立法。那會鼓勵人竊取情報，甚至引發政治上的紛擾。

亞里斯多德《政治學》卷二 1268

在場者窸窸窣窣交頭接耳，表達著認同。有些人回去喝起了酒，也有人向潘達基斯點起了晚餐。大家開始聊起了自己的私事，希波達莫斯不再是目光的焦點。失去了舞台，這名都市規劃師用煞有介事的身段，站起了身來。

「看來我在這裡只是浪費唇舌。此處不留爺，自有留爺處，我去城市裡其他把我當回事的地方就好。我在這裡耽擱太久了，反正這兒的酒也很難喝。」希波達莫斯當著法娜哥拉的面，扔了幾枚奧波爾在桌上，接著便昂首闊步，走進了遲暮的黃昏中。

眾人眼中的安提西尼

（後來的犬儒學派大家）

以比雷埃夫斯為家的他，每天步行五里路前往雅典，只為聽取蘇格拉底的教誨。

……

作為一個僑民，他鄙視雅典人的惺惺作態，為此他曾說過：「要是他們被從土生土長的地方拉走呢？估計也就是變得跟蝸牛與無翅的蝗蟲一樣吧。」

第歐根尼．拉爾修《哲人言行錄》卷六各處

聰明有餘，受教不足。

西塞羅（《致阿提庫斯之書信》〔*Letters to Atticus*〕卷十二第三十六封）

十足的一條狗。

柏拉圖（出自《哲人言行錄》卷六第二章）

(18:00–19:00)

第19章　夜間的第一個小時

交際花為為晚宴整裝打扮

塔爾蓋麗雅小心翼翼，有點辛苦地把小牛皮拖鞋套上她纖細的玉足。

「這個叫奧托里庫斯的傢伙，我喜歡他的聲音。」她化身為評論者。「即便他的聰明才智似乎不足以應付這場會飲。」

阿斯帕西雅仔細端詳著她的年輕後輩。塔爾蓋麗雅知道阿斯帕西雅喜歡自己的其中一個理由，是她曾經受過一個也名叫塔爾蓋麗雅的恩師提攜。先不說別的，原版塔爾蓋麗雅的錯誤就讓阿斯帕西雅獲益良多。結過十四次婚的老塔爾蓋麗雅，是雅典的結婚紀錄保持人。阿斯帕西雅也只結過兩次而以。

她的第二任結婚對象，羊毛商呂西克列斯，是為了向雅典臣民收稅而橫死於安納托利亞，精確地說是死於民風強悍的卡里亞（Caria）。在那之前，她和雅典領導人伯里克利有過一段婚姻，兩人緣盡是因為他在與斯巴達交戰期間死於瘟疫。事實上說兩人有過一段「婚姻」，可能不是很精準的說法，因為出身雅典豪門的伯里克利並不能迎娶外國人（阿斯帕西雅的老家在米利都）。

儘管如此，伯里克利還是有感於阿斯帕西雅人如其名的友善與熱情，決定與他原本的妻子離異，然後搬去與阿斯帕西雅展開沒有名分但幸福不減的同居。在伯里克利治理雅典期間，不少人都懷疑身為他枕邊人的阿斯帕西雅在默默「治理」著伯里克利。就算到了現在，也有很多人覺得阿斯帕西雅的權力大過現任的雅典執政官。

米利都人阿斯帕西雅是智慧的典範，並受到可敬的奧林匹亞（伯里克利）敬愛。政治知識與見解、慧黠與當機立斷的能力（集於她的一身）。

琉善《人物描繪研究》第二十七章

克雷提納斯[1]稱呼她是「超脫了恥辱的妓女」。

普魯塔克《伯里克利傳》第二十四章

1 Cratinus，古希臘舊喜劇大家。

對於這種看法，年輕的塔爾蓋麗雅並不覺得驚訝，畢竟適逢今晚的會飲，她也會周旋在雅典首屈一指的哲學家與政治家之間，不讓他們感覺孤單。被阿斯帕西雅欽點來擔綱今晚任務的她，已經被告知了所有出席者的個性與怪癖。明天她會把在席間聽聞誰對誰說了什麼，哪些友誼歷久彌堅，哪些社交同盟又搖搖欲墜，鉅細靡遺地秉實以告。

「不用擔心奧托里庫斯。」阿斯帕西雅率直地告訴她的接班人。

塔爾蓋麗雅這晚的目標，將是尼西亞斯之子，尼可拉托斯。尼西亞斯與阿爾西比亞德斯是眼下雅典政壇的第一、二把交椅。阿斯帕西雅透過她與蘇格拉底的友誼，把阿爾西比亞德斯看得很緊。這事她做起來並不費勁，畢竟阿爾西比亞德斯視蘇格拉底為某種父親兼傾訴對象的存在。想掌握尼西亞斯的動態則相對比較棘手。這老謀深算的政治家既精明又多疑。但只要掌握訣竅推上一把，他風流的酒鬼兒子就會把某些事抖出來。而那也就是塔爾蓋麗雅今晚的任務所在。

「但奧托里庫斯聽起來就是個男神。我可以換成服侍他嗎？」塔爾蓋麗雅鬧起了脾氣。

「不行。妳給我把心思放在尼可拉托斯身上。」

確實，奧托里庫斯看起來糊裡糊塗，常常說話一用上子句就會腦袋打結，更別說他覺得把酒倒到別人的胯下很是風趣。所以不論奧托里庫斯有多帥，塔爾蓋麗雅也不得不承認把自己用在奧托里庫斯的身上，是殺雞用牛刀。而且她要是真的去陪奧托里庫斯，可能會惹毛卡利阿斯。卡利阿斯作東舉辦這場會飲，表面上是要為奧托里庫斯慶功，表揚他在奧運五項運動（賽跑、跳遠、鐵餅、標槍、角力）比賽中得勝。但實際上想獨占奧托里庫斯的他可不希望現場出現情敵。

阿斯帕西雅從架上遞來一件衣裳，精確地說是一件她精挑細選的帔絡袍。那是一件黃色的袍子，大腿處有高開衩，且剪裁十分能在不流於猥褻的前提下凸顯塔爾蓋麗雅的上圍。會飲席間的女郎要穿得豔光四射，但也要看起來典雅而不廉價。

手腕要內斂一點，是阿斯帕西雅給她的忠告。重點是要讓被鎖定的尼可拉托斯以為一切都是自己選的。他喜歡聰明的女人，但要是那種討人喜歡的聰明。她不可以太多嘴，但要一直向她的獵物拋媚眼，直到對方上鉤為止。她吃東西要小口，要秀氣，萬不能讓腮幫子鼓得像花栗鼠。

這次特別要注意的，是絕不能再拿劇作家開玩笑——雖然塔爾蓋麗雅相信只要她想，能用來笑話他們的材料應該會取之不盡用之不竭（她跟劇作家們的梁子，是在最近一次的會飲中結下。當時她替劇作家阿里斯塔爾克斯倒酒到其雙耳淺底的杯中。當阿里斯塔爾克斯表示說這酒冰得好時，笑容可掬的塔爾蓋麗雅便回說：喔，這酒是從您描寫的性愛場面中拿來的。這笑話雖好笑，卻也讓口無遮攔的塔爾蓋麗雅永遠失去了一名出手闊綽的愛人）。[2]

卡利阿斯會需要奧托里庫斯乖乖聽話，好任他予取予求，而這就代表席間會提供未摻水的烈酒。為此阿斯帕西雅要塔爾蓋麗雅要啜飲而不要牛飲，因為即便是微醺，也會有損於交際花的本領，況且酒醉的女子在會飲上並不受歡迎。[3]

塔爾蓋麗雅毫無怨言地接受了阿斯帕西雅的全數建言。她願意當一整天的箭靶，因為那是接受阿斯帕西雅一對一指導的代價。須知在雅典人的評價中，阿斯帕西雅可是比蘇格拉底更好的老師。阿斯帕西雅訓練出了伯里克利，而蘇格拉底的寶貝學生則是顧人怨的克里提亞斯（Critias）。[4]

「妳跟梅森納昂現在怎麼樣了？」阿斯帕西雅問起了正在著衣的塔爾蓋麗雅。

這個問題讓胸針在肩頭上卡到一半的名妓瞬間定格。塔爾蓋麗雅心想，阿斯帕西雅應該對她與分分合合的戀人現狀瞭若指掌，提起這個話題應該只是要打發時間吧。

「嗯，如果交際花的家計可以用淚水撐起，那我現在應該會很好過。每次我說我要離開他，他就會哭給我看。但這份工作需要錢、華服跟珠寶。而請一個女傭來照料日常所需也不過分吧？家無恆產的我可不像可恨的梅森納昂在阿提卡米爾西努（Myrrhinus）的村子裡有房有地，更不像他一

2 作者註：事實上這個笑話包袱，是由名妓格納塔伊娜（Gnathaena）抖給劇作家狄菲利烏斯（Diphilius），由阿特納奧斯引用於《哲學家盛宴》卷十三（*Deipnosophists* 13.43）。

3 作者註：這所有的建議都擷取自琉善的《娼妓對話錄》（*Dialogues of the Courtesans*）。

4 作者註：典出古希臘詭辯家阿爾西弗隆（Alciphron）以虛構信件來描繪各行各業之《書信集》，第三十四封（*Letters* 34）。

樣是銀礦的股東。我的生活全要靠沒長腦子的仰慕者供養。」

但梅森納昂給她的卻只是一對耳環、一條項鍊，還有一件產自塔倫頓（Tarentum）的，她都不好意思穿出去的衣服。她相信自己要是認真跟他開口要像樣點的贈禮，他恐怕會給她安個要在碼頭密謀縱火或其他重罪罪名，藉此甩了她。[5]

擁有一群穩定包養的戀人，是交際花與普通妓女的一大差別。雅典土生土長的女性之所以被禁止成為交際花，是因為雅典男人覺得這會讓池裡的魚變少，老婆變得更不好找，倒不是因為當交際花有什麼丟臉。其實就算是當妓女，也沒有女人會因拿錢跟人上床而被瞧不起——雅典人覺得性交易也是一門正當的生意——妓女被人輕視是因為她們只受雇於固定的一名老鴇或媽媽桑。

在雅典，固定只為一名雇主工作的人，其位階比奴隸高不到哪裡去。如果說奴隸是靠著主人供給吃穿住，那跟單一老闆領薪水，然後再用這些薪水去獲得吃穿住，其實跟當奴隸的意思也差不多。理想的狀態下，自由人必須自給自足——不論是靠投資或是家產。沒有投資或家產可倚靠，雅典的男人或女人就只能賣藝或賣身在市場裡掙錢。如果說蘇格拉底會用心智上的刺激去向學生換取

5作者註：主要典出阿爾西弗隆之《書信集》第五十七封（*Letters 57*）〈匹塔爾致西馬里昂〉（Petale to Simaleon）。

豎琴手與她的中年仰慕者。

回饋，那塔爾蓋麗雅就是用身體上的刺激去換取回饋，沒有誰會因此看不起她。

曾經有正義魔人批評交際花不該破壞年輕男性的道德觀，結果她只是冷回說：「難道他們不因為交際花放棄道德，就不會為了政客或哲學家而放棄道德嗎？」正所謂窈窕淑女，君子好逑，年輕男人就是喜歡有女性的陪伴（少數受同性吸引的男性也不乏年長者包養）。事實上雅典貴族男性要到三字頭的年紀才會論及婚嫁，屆時不想打光棍的他們也只剩下妓女或交際花的選項。

甚至再老一點的已婚男人也喜歡與交際花在一起廝混。她們是雅典社交生活中很重要的一環。一如梅森納昂與塔爾蓋麗雅都心知肚明，交際花與她們的愛人之間存在著一種緊張的關係。就像在任何的自由市場裡，競爭者都是免不了的。如果他的陪伴與餽贈達不到一定標準，或是有條件更好的男人讓她的行程被占滿，那交際花就會頭也不回地離他而去。

交際花理想中的護花使者，得同時具備年輕、多金、帥氣、聰明、好脾氣，出手闊氣等條件。很遺憾的是這種人經過過度捕獵，現時已然絕跡，所以只要有任何男人符合上述任兩個條件，交際花們就會展開搶奪大戰。她們知道自己如果不能隨時保持美貌，時時讓男人覺得自己有趣，那這些男人就會到別處去找漂亮又有趣的妹子。自由市場不是奴隸制，但也不是什麼天堂。

塔爾蓋麗雅穿上帔絡袍，在阿斯帕西雅面前擺出了一個漂亮的姿勢。在獲得了恩師的認可後，她開始坐下來化妝。阿斯帕西雅站到她後方，幫她弄起了頭髮。波斯女孩是黑髮，所以希臘女孩希望展現她們的金髮。如果都不處理，塔爾蓋麗雅的頭髮是一種斑駁的深棕色——只是說她的頭髮已經很久沒「不處理」了。塔爾蓋麗雅常把髮辮先往有漂白效果的醋裡泡，然後曬正午的太陽，為的是進一步把髮色弄淡。曬太陽的時間並不好拿捏，因為太陽曬久了頭髮會乾裂，皮膚會曬黑，而陶瓷娃娃般的白皙皮膚可是稱職窯姐的基本配備。塔爾蓋麗雅的訣竅是用橄欖油做的洗髮精保養髮質，並在曬太陽時戴上頂蓋被切除的闊邊帽來避免曬黑。

她拿小梳子往罐子裡一浸，沾上裡頭由蜂蜜、橄欖油與煤灰調製出的混合物，然後開始加強眼影。眼影不能塗得太誇張，因為她之後還要用鉛粉把臉弄白，來替自己的美貌加分。眼影與白色的臉如果反差太大，就會讓她跟很多女孩兒一樣看起來像個骷髏。

「尼可拉托斯喜歡哪一種眉毛？」她確認了一下，她知道阿斯帕西雅對這種細節瞭若指掌。

「左右分開的。」恩師回答得乾淨俐落。塔爾蓋麗雅很滿意這個回答，因為她很討厭所謂時尚的一字眉，更討厭有天生眉毛不夠濃的女孩靠著化妝品，在自己的鼻梁上方給眉毛搭橋。她抿住上頭吸飽了紅色色素的布料來沾染嘴唇，然後往手鏡裡使勁地瞧著自己的容貌（這種下方有個十字護把的手鏡，後來就成為了女性的象徵，就像重裝步兵的盾牌與長矛成為了男性的象徵，現代人在外頭上過洗手間的應該都不陌生）。[6]

塔爾蓋麗雅比較納悶的是，阿斯帕西雅為什麼今晚不用她自己麾下的女孩。當然，阿斯帕西雅不會承認有哪個女孩是她的「子弟兵」，但那在雅典其實是個所有人心照不宣的公開祕密。大家都

6 作者註：用十字上頭一個圓圈的「維納斯／金星符號」（Venus symbol）來代表女性，始於十九世紀。至於用來代表男性，圓圈上頭一個箭頭的「瑪爾斯／火星符號」（Mars symbol）則要古老許多，但也同樣啟人疑竇。較為人所接受的看法是這些符號起源自希臘字母 phi（女性）與 theta（男性），主要是 theta 是火星希臘文拼法的第一個字母，而 phi 則是金星希臘文拼法的第一個字母。

知道阿斯帕西雅用白手套在經營雅典最頂級的一間妓院。阿里斯托芬曾在他的劇作中昭示過「兩名妓女從阿斯帕西雅的花柳大院中被綁走了」。[7]

塔爾蓋麗雅摸索著該怎麼說話會比較得體。「我的意思是您能對我如此信任，讓我深感榮幸。」

阿斯帕西雅沒有絲毫遲疑地幫塔爾蓋麗雅編著髮辮。「親愛的妳讓我想起了年輕時的自己。不光是漂亮而已，而且聰明有野心。一個對未來有著規劃的女孩，一個希望有朝一日可以不靠愛人與美貌過日子的女孩。」

塔爾蓋麗雅因為驚訝而繃緊了身體。她告訴自己，阿斯帕西雅不會知道的，她不可能知道的。塔爾蓋麗雅一直是如此地小心保密。

阿斯帕西雅興致不減地替塔爾蓋麗雅準備晚上的妝容。她伸手從打開的盒子裡選出了一些手鐲，套在女孩的手腕上。而她一邊這麼做，一邊繼續著她輕鬆又八卦的語氣。

她跟塔爾蓋麗雅分享了一名新冒出頭來的女巫在斯卡波尼迪（Scambonidae）區執業。「效果非常好，我聽說，只不過當然我不相信謠言。即便只在早上有點空閒，但這仍是交際花有可能做的事情。或許這新女巫去私下找了住在克雷麥柯斯的那名女人拜師。」阿斯帕西雅所說這名住在克雷

7作者註：阿里斯托芬《阿卡奈人》第一五三〇行（*Archanians* 1530）。

麥柯斯的女子，在理論上是名女巫，但沒有人證明過關於她的任何事情。

一聽到阿斯帕西雅提到克雷麥柯斯，塔爾蓋麗雅的手狠狠抖了一下，結果抹了一道化妝品在臉頰上。阿斯帕西雅嘖了一聲，幫忙處理起善後。阿斯帕西雅可能有，也可能沒有注意到塔爾蓋麗雅的手在抖，但總之她沒有表現出任何異狀，還是繼續著原本的閒聊。

「去向瑪吉薩（magissa；女巫）討教也不是什麼壞事，只不過我覺得她可能太倚賴能改變心智的藥品，而忽視了傳統的馭人之術。而且她賣天仙子（henbane）的收費太高，其實那種東西自己可以去賽里阿迪（Ceriadae）的草原上採。那兒有個名叫艾里昂的農夫，妳可以跟他說是我介紹妳去的。但就是不要在巫術中用上天仙子，那樣真的很糟，非常糟。犯的法不知道有多少條。」

兩個女人都知道如果這名斯卡波尼迪女巫的身分曝光，各種法律會如何要求那女人被逮捕、折磨，然後在痛苦中被處死。

鬱鬱不樂的塔爾蓋麗雅明白了為何阿斯帕西雅選擇她在今晚的會飲上打聽敏感的情報，也明白了在未來的日子裡，她將繼續替她執行類似的任務。阿斯帕西雅需要一個絕對不會出賣她的人來做這件事，而那個人就是她。從今天起，塔爾蓋麗雅的小命已經掐在阿斯帕西雅的手中。

「所以說，還好我們兩個都沒有沾上巫術的邊。」阿斯帕西雅話說得陽光燦爛。「妳問我為什麼把去會飲上探祕的任務託付給妳？直覺吧。我看了妳一眼，就想說：『我喜歡這個女孩子，她一定會愛惜自己的生命來替我辦事。』妳準備好了嗎？」

阿斯帕西雅

伯里克利的遺孀是個奇女子。身為非雅典人，她不用像其他雅典妻子一樣被老公當成家中的老媽子使喚。她時而透過丈夫，時而獨立自主地參與著雅典的公眾事務。有人懷疑她在雅典大政幕後扮演著不為人知的黑手。

阿斯帕西雅如何落腳在雅典，我們不得而知，但就是後來的古典作家給了她一個「從米利都被綁來、在卡里亞被奴役，然後在雅典被抓去賣」的背景故事，而這個背景被本書套在了第二章的奴隸少女克莉賽絲身上。很遺憾的是我們有關阿斯帕西雅的所有資料，都出自於存有某種成見的來源，比較不夠客觀中立。

(19:00-20:00)

第20章　夜間的第二個小時

無花果走私者安排船運

農夫葛洛克斯斯走進酒館先環顧了四周，看看有沒有他認識的人在。這一點其實並不好辦，因為法娜哥拉只保留了雙耳酒壺邊上的幾盞油燈。可以的話，她甚至不想在窗邊點燈，但要是窗邊不點燈，那酒客就無從判斷店是不是開著。油當然是不便宜，但她不想點燈並不是因為窮酸，而是因為明火、橄欖油、酒鬼這三種東西，實在很不適合在封閉且可燃的環境裡共處一室。

燈點得少，讓這間酒館變成了一個充滿陰影的地方，你只看得到酒客的剪影趴在他們的杯子上。他們不是瞇著眼在瞄著骰子，就是熱烈地用大嗓門跟人聊天或吵架，畢竟意見交流是雅典的特產。葛洛克斯會選擇在這個時分來到這家酒館，是為了盡可能低調。他約在這裡見面的人，是個背靠著房間角落的灰髮男人，外加旁邊陪著一名剽悍的大塊頭水手。水手用銳利的目光瞪著四周，免得有人膽敢在他們對面的凳子上坐下。

但當葛洛克斯穿越酒館，拉出了灰髮男人對面的凳子時，水手只是對他點了點頭，然後就自顧自去找酒喝了。葛洛克斯坐下之後，先暢飲了一口在過來的路上跟女老闆領到的酒，看似沒把對面的男人放在眼裡。

很顯然，內里亞德號很早就進了港，但葛洛克斯可沒這麼乾脆地來到酒館。為了這場會面，帕里歐諾托斯早在一個小時前就開始等待。

但葛洛克斯得先去一趟他的果園，而且他比較傾向於在時間晚一點且昏暗的酒館中見面，這樣可以降低被認出來的風險。哪怕只要有一雙眼睛知道帕里歐諾托斯是名水手，他們的勾當就會曝光了：無花果農與水手的組合，很難不讓人聯想到走私。而萬一官方懷疑起葛洛克斯，他們所有人都得吃不完兜著走。

葛洛克斯知道帕里歐諾托斯覺得他這麼小心，未免太大驚小怪，主要是這位老水手住在兩片海洋以外，跟雅典本地人也沒在稱兄道弟。但總還是有港務官員或水手同行認得出他。事實上，萬一有眼尖的酒客察覺葛洛克斯在與皮膚黝黑的疑似遠洋船員對話，走私的事情就可能敗露。小心駛得萬年船，所以別鐵齒，他們最好還是在入夜後再交易為宜。說起有人私自出口他們鍾愛的無花果，雅典人可是會板起臉來，完全沒有幽默感。

帕里歐諾托斯沉默了一會兒，然後開口問道：「今年的無花果收成如何？」

葛洛克斯聳了聳肩。現在論斷這個還嫌太早。這一季的栽種正慢慢成形中，而近期的降雨也沒有太多（成熟中的無花果若遇雨淋，果實就會裂開），葛洛克斯今年的第一次收成看來值得期待。一切順利的話，他將在夏天的尾巴來場大豐收。「沒什麼問題，」他答道，「我的無花果你要多少有多少，而那可是我那些小黃蜂的功勞。」

葛洛克斯指的是無花果樹與黃蜂之間特殊的共生關係。每一種無花果樹，都有一群專門的黃蜂會經過演化而在樹上生活與繁殖。無花果其實不是果，或至少不是普通的水果，而是一種經過特異化，花序內凹封閉而形成的隱花果。在隱花果內部，小小的無花果樹花會在沒有日照的狀況下成長，而這些花朵的授粉也會由個頭一般小的無花果蜂完成。這些無花果蜂會在其中一顆隱花果中交配，然後母蜂會再到另一顆隱花果中產卵，而花粉便藉此完成了傳播。無花果樹真正意義上的「果實」，其實是隱花果內層上那些一顆一顆的種子。

生命週期很短的無花果蜂只能活上幾週甚至幾天，但至少（在隱花果提供的環境中）那是非常甜蜜的幾週或幾天。這也左右了人類的發展，因為為了讓與無花果樹共生的昆蟲活命，雅典人讓無花果樹成為了極少數能一年四季都結果的經濟植物，其中收成的主力落在春天與夏末。作為穩定的食物來源，無花果樹是首批被人類馴化的植物物種。早在麥田出現的數千年前，人類世界裡就已經有無花果園。

最早的無花果，是從中東傳入希臘。葛洛克斯果園中的果樹學名叫 *Ficus carica*，反映了希臘人相信榕屬的無花果樹源自小亞細亞的卡里亞。但你若去問葛洛克斯，他會說無花果是土生土長於雅典的作物，是酒神狄奧尼索斯送給雅典百姓，讓他們感激涕零的贈禮。甜美而又滋味豐富的無花果是奧運冠軍的食物，也是能讓病弱者恢復健康的滋補聖品（以現代營養學的角度去看，無花果富含膳食纖維與多種維生素跟礦物質）。

「所以老樣子？五分之一鮮果，五分之四果乾？」

所謂的「鮮果」，帕里歐諾托斯指的是將於他啟航當天採收的無花果。之後他得載著極易腐敗的無花果通過愛琴海，然後直送至位於基齊庫斯（Cyzicus）的市場。屆時風向一個不順，一筆財富就會爛在他的船艙裡。愈是新鮮的收成，就可以撐得愈久，但再怎麼幼齒的無花果，頂多只能維持一星期的鮮度。

新鮮的阿提克無花果即便在產地雅典，也是一道珍饈。這寶貝嘗起來風味極佳，但也真的很難保鮮。且因為無花果一離開樹枝後停止成熟，無法事後催熟，所以它們只能在全熟後收穫。換句話說，無花果的收成只要一入手，將之送到市場的賽跑就隨之啟動。多數無花果都是以果乾的狀態出售，而這也是葛洛克斯偏好的形式。只要沒被廣義的害蟲（包含人類、動物與昆蟲）染指，無花果乾可以放上最長一年不壞。無花果跟其他果物另一個很大的不同，在於鮮果與果乾的營養價值差異不大。

把果乾運上內里亞德號，不是太大的工程。前後好幾個月，葛洛克斯都一直在果園棚子底下的隱密地窖中囤積木桶，以便裝載無花果乾。真正的大工程是運送鮮果。內里亞德要回航的當天早上，

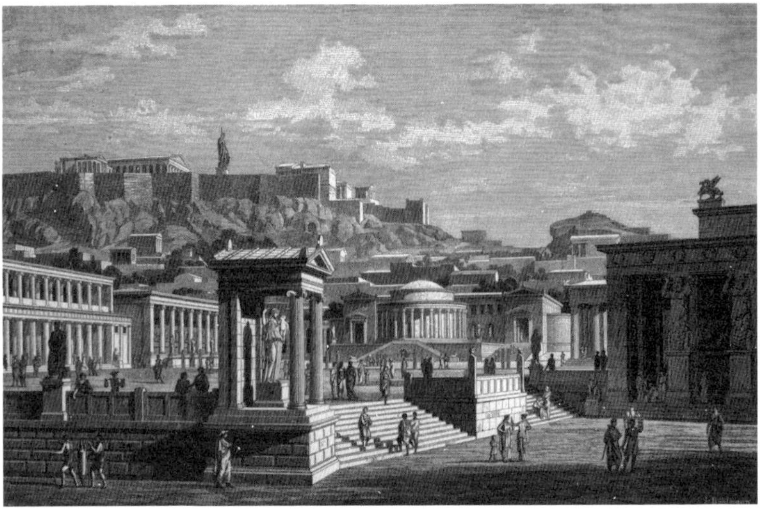

古雅典的市場。

葛洛克斯會把果園中所有成熟的果子都採摘一空。判別熟度是一門需要明察秋毫的功夫——熟了的無花果按捏起來感覺略顯偏軟，偶爾還會爆漿而噴出底下的果肉。

葛洛克斯會有足夠的無花果來供應出貨，但也就只是剛好而已。而這也又一次挑起了他對於斯巴達人的不共戴天之仇，他恨的是他們在上次戰爭中砍光了他的寶貝果樹。那些可都是有好幾個人高的成熟樹株，包括樹齡好幾百歲的老爺爺。那些老樹既是葛洛克斯的搖錢樹，也曾經是他父親與祖上好幾代人的搖錢樹。只因為斯巴達重裝步兵恣意的破壞，祖傳的老樹就這樣死於非命。這些斯巴達人實在有夠夭壽。

直到今年，他重栽的新樹才第一次結果。葛洛克斯當年掛著兩行清淚，從殞落的老樹上挑了兩歲的新枝椏，然後小心翼翼地以此培育出新一代的果樹。他過了四年白天做工晚上照顧樹苗的日子，才等到果樹再度結果的今天，但如果想要讓果園重返全盛時期的產能，葛洛克斯還得再熬八年。

帕里歐諾托斯會以貨到付現的方式完成交易。事實上即便他想提前付款（當然他並不想），也是辦不到的，主要是在穀商把船運費用付給他之前，他手上也不會有銀錢可以付給果農。雖然不能提前收到錢，但好消息是葛洛克斯可以拿到雅典鑄的銀幣——上頭印有阿提克貓頭鷹的純銀。

「戰爭對你們經商的人來講不痛不癢，是吧？」葛洛克斯話說得很酸。「你們在天高皇帝遠的尤克辛海上有雅典海軍當靠山——我都在那片海上搖過槳，保護了你們的生計，但我的生計卻在老家被摧毀殆盡。」

「喔，不痛不癢啊，尤其是你們的海軍派系在彼此內鬥，任由海盜成群在海上橫行，就像看到死狗的蒼蠅之際，真是超級不痛不癢的。話說回來，若你在海上望見不太妙的船帆出現在地平線，你還真會巴望著那只是海盜，畢竟他們只會要求贖金，頂多再毀壞你的東西，但要是斯巴達或其盟軍發現你在幫雅典運送穀糧，他們可是會當場要了你的小命。再說你要是這麼討厭外國人，幹嘛還賣我無花果？喔對不起，是幹嘛不惜犯法也要賣我無花果？」

這打到了葛洛克斯的痛點。葛洛克斯之所以淪落到走私，是因為他為了重建果園而積欠了可觀的債務。戰後的他完全沒有得到雅典政府的紓困，城市裡的選民只會為了自身的利益投票，鄉村農民的問題完全沒被他們放在心上。他們只關心有沒有新鮮的無花果可吃，果農破不破產干他們屁事。既然市民對果農不仁，就別怪果農對市民不義，所以葛洛克斯一點也不以高價者得的觀念或走私的行為為恥。無花果是他種出來的，雅典市區那些王八蛋有什麼資格規定他只能賣給雅典——而且價錢還低到丟人現眼？

明天，帕里歐諾托斯會趁葛洛克斯在果園時去他家，然後根據葛洛克斯已經準備好在工具棚下的兩袋無花果來確認品質，進而與葛洛克斯敲定價格。

這個價格會取決於幾項因素。首先是競爭的強度。內里亞德可不是雅典唯一一艘不介意在回程時夾帶一些高價船來品來大發利市的商船。

但是，多數垂涎無花果的商船只能這裡藏個一小袋，那裡用鹹魚木桶夾雜一小撮，真正能把整批收穫打包帶走的，只有內里亞德號。葛洛克斯與帕里歐諾托斯對這一點是心照不宣。另外隨著狄奧尼西亞節近在眼前，阿哥拉廣場上滿滿的是各種價值不菲的貨品，而那就代表帕里歐諾托斯沒有非得走私無花果不可。合法的義大利斗篷或西西里島的起司，都一樣可以讓他很有賺頭。

但話說回來，葛洛克斯知道這老水手肯定會來確認自己的樣品，因為走私無花果硬是比合法的商貿更有暴利，而且當中的差距不可以道里計。他賣的都是上等的無花果，因為這次的產品出自他自家的農場，所以更有品質保證。為了方便帕里歐諾托斯檢查無花果的品質，他甚至在家中備好了一碗水。

有必要做到這種程度，是因為兩年前他賣給內里亞德號的，是他從別處進貨來的無花果。當時他自家果園的樹株還沒有成熟產果，所以逼得他又是求、又是借、又是偷，才從阿提卡的各農場攢出了要出貨的量，不夠的部分，他甚至跑去維歐提亞邊境的岩石澗谷，採集野生的無花果來充數。

陪審團的各位男士啊，許多人來找過我，對我來議會指控這些商人之舉表達了驚訝之情。他們說不論這些人多麼地罪無可逭，那些發表演講來指控他們的人仍是替當權者發聲的走狗。

雄辯家呂西亞斯演說詞二十二，《斥穀商》〈序言〉

上一回，多疑的帕里歐諾托斯曾向葛洛克斯要了一碗水，為的是他隨機挑選一顆新鮮無花果，用水手佩刀剖成兩半，然後把這兩半無花果面朝下，放進碗中。當時葛洛克斯曾拉著一張苦瓜臉，眼睜睜看著一隻小小的蛆蟲從無花果中俐落掙脫。然後一隻接著一隻，最後等帕里歐諾托斯把無花果拿出來時，碗裡足足有大約二十隻蛆蟲在水中優游，小的有砂粒那麼小，大的則跟帕里歐諾托斯的小指指甲長度不相上下。

「薩索斯一名商人一邊教了我這招，」帕里歐諾托斯淡淡地說道，「一邊把我的利潤砍掉了四分之三。很顯然蛆的顏色跟無花果內的白色纖維一模一樣，所以你看不到，除非不想被淹死的牠們開始逃跑。不過這你應該早就知道了，是吧？」

拿起一顆果乾後，帕里歐諾托斯用刀刮起了一層種子。接著他把變成半透明的果皮對著光源，示範了如何檢查無花果乾的品質。他手中的樣本上滿是果蠅的蛆跟卵，仔細看還有些專吃水果的金龜子屍體。

這麼驗完貨之後，合約重新談過，而價格自然像跳崖一樣直直落。那一次，葛洛克斯不得不接受的價格跟他把東西賣給市場裡那些不疑有他的雅典同胞，差不了太多。吃過那次虧之後，葛洛克斯就開始非常重視品管。這一次要出貨的無花果，是葛洛克斯自身的果園榮譽出品，他已經等不及要讓客人對他刮目相看。

帕里歐諾托斯笑了。葛洛克斯一直很在意之前在品質上有失，所以買賣雙方都知道這一次交易的會是特級的無花果。葛洛克斯心想在返航的路上，這些一流的無花果會讓帕里歐諾托斯自己都忍不住淺嘗。

視船身接受整修的進度而定，內里亞德號會在不久後的某一夜，悄悄地在法勒魯姆的沙岸上搶灘，葛洛克斯會帶著一桶桶的私貨在沙丘上等著。所有走私的同夥都會加緊把圓桶滾下海灘，來到被海水浸潤的沙子上，然後再徒手把無花果搬到船艙內。接著他們會輕手輕腳地讓好幾袋新鮮無花果也一併登船。最終的銀貨兩訖，會牽涉到一筆數量可觀的銀幣。

從搶灘到揚帆的走私過程會在幾分鐘內完成。那晚理應不會有閒雜人等在海灘上出現。就算有，也多半只會是跟葛洛克斯一樣的小農，而他們很清楚這幾年務農有多辛苦，所以不想被說成「抓耙仔」的他們不會去告狀。會去告狀的人被稱為sycophant，也就是馬屁精，若直譯就是「無花果告密者」之意，而他們在雅典基層是人緣很差的一群。

> 唯有一個得天獨厚的城市，才能有人待命要把違法者起訴。我只希望社會大眾可以給予應有的感激，只是事實恰好與此相反。任何一個心存公益而冒險當起烏鴉嘴的人，只會被當成馬屁精，而不是愛國者。
>
> **呂庫古斯《駁斥李歐克雷提斯》（*Lycurgus Against Leocrates*）第一講第三節**

交易到此算是告一段落。葛洛克斯率先準備離開現場。他把酒一飲而盡，然後站起來先再度環顧了四周，若無其事地確認過沒有被人偷聽後，潘塔基斯身為助理店長，就站在雙耳酒壺旁，手中拿著塊布的他在燈光下露出一張令人費解的臉龐。但那應該不足為慮，潘塔基斯與法娜哥拉原本就知道比雷埃夫斯各種大大小小的祕密。葛洛克斯兀自笑了出來，並沿著夜幕下的街道踏上了歸途。船到橋頭自然直吧，他想。

(20:00-21:00)

第21章　夜間的第三個小時

他仔細閱讀著卷軸，內心暗自興奮與駭異。這麼龐大的兵力、這麼強大的艦隊、這麼多的黃金！

斯巴達間諜挖到了寶藏

梅吉斯提斯對生為斯巴達人並無怨言。但反正他也回不去斯巴達了，所以繼續像「真斯巴達人」（Spartiate）那樣刻苦地度日，自然也沒有了意義。

所謂真斯巴達人，亦稱斯巴達公民，是斯巴達的戰士階級。他們不務農，不做生意，也不做任何與備戰無關的事情。而備戰具體而言，就是要日復一日地鍛鍊體能，洗刺骨的冰水澡，還有吃無味的食物。曾經有訪客在嘗過斯巴達戰士的伙食後評論說：「難怪斯巴達人視死如歸。」

梅吉斯提斯原本也是真斯巴達人，但外面的世界讓他墮落了。一次外交出訪色雷斯的過程中，梅吉斯提斯發現他抗拒不了喝起來一點也不像醋的美味葡萄酒，還有蓋起來一點也不像砂紙的毯子，更別說長鰭鮪魚烹以起司與蜂蜜，跟斯巴達惡名昭彰的「黑肉湯」相比，簡直是一邊天堂一邊地獄，而梅吉斯提斯對那感官的天堂可謂念念不忘。為此他萌生了從戰士生涯退休的念頭。

他前往色雷斯進行的外交任務，是要把精雕細琢有狩獵場景的（純金）金碗當成禮物，餽贈給一名當地的國王。很可惜雅典人也早就打起了這個王國的主意，而他們的做法是派殺手去幹掉了他們親斯巴達的國王。

因此等到梅吉斯提斯來到目的地，這個王國已經歸新的統治階層管理，而親雅典的他們對梅吉斯提斯的到來冷若冰霜。身為斯巴達特使的他見狀，便取消了獻上金碗的計畫，轉而默不作聲地將之賣給了在地的商人，換得了裝滿銀幣的兩個小保險箱。

接著梅吉斯提斯派出奴隸去給斯巴達捎信，就說是色雷斯國王已把金碗收訖，但很遺憾國王在數日後死於暗殺，金碗則不知去向，斯巴達的投資就此化為泡影。

這之後梅吉斯提斯便朝著雅典而去。梅吉斯提斯打算用他賣碗的錢買下位於南義大利的馬場，或是在以弗所的聲色場所邊上買棟小別墅。

斯巴達人所製作的銅碗，會在碗的外緣飾有一圈雕刻人像。此碗的容量是兩千七百加侖，原本的用意是要當成給克羅伊斯（Croesus；呂底亞國王）的回禮，但最終這個碗並沒有被送達薩爾迪斯（Sardis；克羅伊斯的王宮所在地）。

……

薩摩斯島（Samos；銅碗最終的歸宿）的百姓說送碗來的斯巴達人晚了一步。眼見薩爾迪斯與克羅伊斯國王已經淪陷（入波斯軍隊之手），斯巴達的使團就把碗賣到了薩摩斯島的民間，由相關買主將碗供奉進天后希拉的神廟當中。
賣了碗而中飽私囊的斯巴達使節回到祖國，多半會宣稱碗被薩摩斯島人竊走了。

希羅多德《歷史》卷一第七十章

然後在前往雅典的途中，梅吉斯提斯遇見了一名信差攜帶著斯巴達高層所交付的簡短訊息。他奉命要立刻回到斯巴達覆命。梅吉斯提斯很快就意識到自己早先派出的信差，把自己出賣了。此刻在斯巴達等著他的，只剩下審判、定罪與恐怕免不了的處決，畢竟那個金碗價值不菲。

梅吉斯提斯就此被迫流亡。由於斯巴達當局的天羅地網很大而幽默感很小，梅吉斯提斯於是決定就此留在雅典，畢竟這裡跟斯巴達勢不兩立，然後也有不少酒池肉林可以讓他享受。

法娜哥拉的酒館平日沒有那麼鹹濕，但今天的梅吉斯提斯租了一個靠裡頭的房間開私人派對。這個房間的好處在於它備有通往小巷的暗門可供年輕女子偷偷溜進來，不被她們的父親發現。

梅吉斯提斯遲到了一會兒，主要是他在酒館的後巷裡觀察了一段時間，為的是確認沒有人跟蹤他今天要見的人物。這個人不是哪家的閨女，而是一個很會流汗的五短禿子。

「你遲到了。」一對方對剛拉開椅子要坐下的梅吉斯提斯抱怨。梅吉斯提斯把手伸進上衣，取出一個拳頭大小的皮袋往桌上一扔，硬派的撞擊聲清晰可聞，緊接著則是錢幣躺平前發出的哐啷聲。禿子用既期待又怕受傷害的貪婪神情，關注著那只錢囊，直到梅吉斯提斯挑起了不耐煩的眉頭。

最終那男人謹慎地環視起四周，但四周除了有簾子遮擋的櫥櫃、一面桌子、一張板凳，還有一盞油燈以外，別無長物。放下心之後，他從肩上卸下了一個包袱，並將之推向梅吉斯提斯面前。「這得在一個小時內還回來。」

梅吉斯提斯小心打開包袱，而禿子則拉開了櫥櫃的簾子，從中取出了一罈酒和兩個陶杯。他順勢斟了酒，但梅吉斯提斯無心搭理。這就是了。斯巴達大費周章且不惜重金要取得的資訊。

禿頭男是雅典兵工廠的資深職員。話說那別有洞天的兵工廠，是雅典戰船進行維修之所，也是其三列槳座戰船的部署資料庫。船與資料放在一塊兒，是出於方便的考量。

但今日交易的情資遠不止於此。梅吉斯提斯面前的資料還包括詳列了軍費與相關預算的明細，外加雅典盟軍的清單，還有雅典附庸城邦的後備軍力。要不是有在斯巴達當兵的多年訓練讓他處變不驚，他幾乎要壓抑不住內心那挖到寶的興奮心情。

「就這樣嗎？」他問道，一副好像這沒有滿足他全部的需求一樣。

沒錯，梅吉斯提斯是名間諜。諜報工作在希臘世界裡是一種運氣成分很重的行當，但純論各城邦的情報員表現，最專業的莫過於斯巴達。事實上梅吉斯提斯幾乎從還是個少年，就開始接受情報

斯巴達戰士在斯巴達境內的賽道（dromos）上操練。

員的訓練。一世紀前，斯巴達占據了鄰邦麥西尼亞，並以辣手進行高壓統治。

「阿戈格」（agoge）是斯巴達人專門用來培育年輕戰士的殘酷教育體系，每年從中挑出表現最好的學子進入被稱為「克里普提」（krypteia）的祕密地下部隊。克里普提的成員會被派到麥西尼亞的鄉間擔任臥底與間諜。他們會找出村裡最具聲望的麥西尼亞領袖，然後殺掉他們，也不用管他們是親斯巴達或反斯巴達。重點是讓麥西尼亞人群龍無首不知所措，而克里普提幹起這事兒是得心應手。

克里普提非常善於把我們鍛鍊成鋼。士兵會在寒冬中踩著赤腳，入睡時也不蓋毯子。他們無人服侍，只能自立自強地游移在鄉間，不分黑夜白天。

柏拉圖《法律篇》卷一第六三三頁，斯巴達人麥吉盧所言

在證明了他們願意為斯巴達殺人之後，克里普提的成員會自動晉升為嬉皮士（hippeis）階層，成為真斯巴達人菁英中的菁英。每年會有五個人從嬉皮士行伍中卸任，然後被派去執行偵察與間諜任務。梅吉斯提斯就是今年的五人之一。

李洽斯是斯巴達人口中的一名「行善者」。這些行善者是五名最資深的嬉皮士，而嬉皮士每年退休的人數也就是五人。退休的隔年，行善者會被國家派至各地，為斯巴達鞠躬盡瘁。

希羅多德《歷史》卷一第六十七章

斯巴達從一開始的劇本就是讓梅吉斯提斯「侵吞」金碗，這樣旁人才會真正相信他是「不得已」留在雅典。色雷斯國王把自己搞到遇刺，只能說是上天神來一筆地幫了斯巴達一把。梅吉斯提斯認為這說明他的行動受到荷米斯的庇佑，畢竟荷米斯是騙子、商人與間諜的守護神。

此刻的斯巴達正處於國家興亡的關鍵時分。斯巴達人絕不會公開承認，但他們在最近的一次戰爭中慘敗給雅典。斯巴達挑起戰端，為的是遏止雅典帝國的擴張，而他們吃了個敗仗。如今的雅典空前地自豪，也空前地強大。

雅典在重建武裝的謠言從前一年就傳得沸沸揚揚，造成了斯巴達很大的壓力。有一說是雅典打算入侵西西里，但斯巴達當局對此心存懷疑。萬一雅典讓他們的艦隊在繞過馬里阿岬角後掉頭向北，同時加派精銳大軍朝沒有城牆的斯巴達進逼，那幅畫面光想就讓人背脊發涼。

話說回來，搞不好雅典人是真的要打數百英里外的西西里，也許他們是真的這麼有種而沒大腦。果真如此，斯巴達人說不準可以趁著雅典城空虛來發動奇襲？但這麼做要有勝算，前提得是雅典軍無法首尾兼顧。梅吉斯提斯大費周章地滲透雅典城，為的就是查明這一點。

其他城邦常利用商人來蒐集情報，但斯巴達除外，因為自稱是斯巴達的商人，跟你大喊說自己是間諜沒有兩樣。以農立國的斯巴達不怎麼做生意，他們只求自給自足。這就無怪乎其貨幣是難用至極的鐵叉，更別說任何一個有血性的真斯巴達人都寧可切腹，也不願意讓汙穢的商業髒了他們的手。只不過貪婪與腐敗，仍被視為是斯巴達祕而不宣的罪孽，於是梅吉斯提斯就順水推舟地利用了世間對斯巴達的成見，成功地滲透進了雅典的社會。

居魯士（Cyrus）說：「聽好，有一件事你要是做了，我會非常感激，而那也是幫了你的同志們一個大忙……你是否願意深入敵後，假裝你已經從我這裡叛逃，這樣的幌子多半可以騙過他們……等蒐集完情報，摸清了敵人的底細，你再滿載而歸地回到我們這裡。如果我預期的沒錯，他們會信得過你，而你將能挖出他們所有計畫中的祕密，讓我們再沒有想知道而無從得知的事情。」

色諾芬《居魯士的教育》卷六第三十八章（*Cyropaedia* 6.38）

他仔細閱讀著卷軸，內心暗自興奮與駭異。這麼龐大的兵力、這麼強大的艦隊、這麼多的黃金！他檢視著預算，然後他注意到有大筆金額被用來賄賂西西里島的政客。其他斯巴達間諜已經回報了敘拉古的城牆與軍事備戰狀態，而他眼前則有西西里各大港口的詳細布局。看來雅典人看似瘋狂，卻又很認真地想大幹一場。

尼西亞斯與拉瑪克斯

尼西亞斯時年五十來歲。出身貴族家庭的他與志同道合的伯里克利一拍即合，而此伯里克利也幫著他在政壇平步青雲。雅典的民主制度，原本就很樂見願意為國出錢出力的貴族當選高位。而尼西亞斯除了支持多個公辦活動，也在大狄奧尼西亞節中認領贊助了起碼一名劇作家。

尼西亞斯是那種懂得帶兵帶心的將軍：行事謹慎的他除非有近乎百分百的勝算，否則絕不讓子弟兵去送命。在這個夾在兩場戰爭之間，相對太平的日子裡，尼西亞斯非常活躍於政壇，他的夙願是能保住在他主導下，與斯巴達人議成的和平。

尼西亞斯的頭號政敵，是想靠戰爭來提高個人聲望的阿爾西比亞德斯。阿爾西比亞德斯是在幕後促成遠征西西里島的重要推手，而尼西亞斯自然反對這個計畫。如果上述的故事所示，斯巴達式的「和平」其實包含了各種城邦間與城邦內的算計。拉瑪克斯是尼西亞斯的盟友。他出身清貧，但這並不妨礙雅典人把他選為將軍。

雅典當真要打，對斯巴達是好消息。梅吉斯提斯翻閱著一卷又一卷的資料，將一欄又一欄的數據強記入他訓練有素的大腦。壞消息是雅典人有足夠的人力物力兩面開戰，即便腹背受敵他們也不會立刻陷入危機。讀著讀著梅吉斯提斯抬起頭來，瞅了眼頂上無毛，而酒已經續到第三杯的雅典公務員。「這些紙卷該不會是偽造的吧？」

「不信你去查啊，」雅典官員悻悻然地說道，「反正你也不會只有我一個線人吧。」

沒錯，梅吉斯提斯確實還有其他的情報來源，而且他也確信眼前的紙卷是真的，畢竟上頭混雜著不同的字跡，而且根據墨跡與莎草紙的陳舊程度判斷，這是累積多年的東西了。另外，紀錄中最新的條目也顯示，有一支三列槳座戰船中隊正在朝色雷斯進發——這與梅吉斯提斯的眼線今早的回報一致。

就在他謄抄著關鍵細節到蠟板上的同時，梅吉斯提斯下了一個決定。他要回房去熬夜把記憶化為文字，然後明天一早聯絡他的銀行專員，把剩下的銀幣領出來，接著他會趕回斯巴達親自稟報軍情。這些生死交關的情報不容小覷，梅吉斯提斯一出手，便已達成使命。

他若有所思地望著眼前這個可鄙的男人。雖然沒有這人就沒有眼前的情報，但他皮帶扣裡正塞著一把彎刀匕首，而他本人也是一名專業的殺手。嗯……還是算了。他還得靠這名雅典官員，才能讓文件天衣無縫地物歸原處，否則雅典人就會知道他們的計畫已經曝光。官員出賣國家也收了不少錢，應該不至於拿自己的生命與榮華富貴冒險，姑且就讓他多活幾年。

等閱畢資料的梅吉斯提斯匆匆離去後，雅典官員收拾起紙卷。這個小男人此時樣貌丕變——突然看起來俐落又幹練。「你知道嗎，」他似乎對著空氣在自言自語，「我有一瞬間覺得他要把我滅口。」

此時衣櫃產生動靜，發出了摩擦的噪音。連接隔壁房間的密道顯露了出來，從中彎腰探出頭來的是雅典官員的兩名同夥。其中一個五十來歲的鳥樣傢伙說：「可惜他沒有動手，我們真的很需要斯巴達對這些情報信以為真。」

保薩尼亞斯

引誘間諜進入房間，好讓藏身櫃中的官員偷聽對話的這一幕，是真有其事。歷史上的事件與書中時間相去不遠，但地點是在斯巴達，而記錄下此事的是歷史學者修昔底德，出處是他所著《伯羅奔尼撒戰爭史》卷一第一三三章。斯巴達將軍保薩尼亞斯（Pausanias）與波斯人共謀，而傳信給波斯的中間人邀請斯巴達督政官從鄰室竊聽他與保薩尼亞斯接洽的過程，讓督政官把保薩尼亞斯的叛國過程聽得一清二楚。

第二個人，是名為拉瑪克思的資深指揮官，他對剛才事情顯然頗不以為然。他覺得剛剛的欺敵大戲是多此一舉。既然斯巴達人想知道雅典在幹嘛，而雅典也想讓斯巴達知道，那直接講不就好了？

當然，現實不會那麼簡單。斯巴達人天性多疑，逼得雅典非設法平息這種疑心不行。事實上當天下午稍早，雅典議會已經派出使者，為的就是把他們的意圖告知斯巴達人——但誰也不曉得斯巴達人會不會相信。就算雅典把他們船艦的噸位與國庫的深度據實以告，斯巴達人也很可能覺得那是雅典人在虛張聲勢。想說服斯巴達人，唯一的辦法就是讓他們派人來滲透雅典。

尼西亞斯的看法是，一旦斯巴達人確信雅典是認真要遠征西西里，他們就會隔山觀虎鬥地希望雅典與西西里陷入僵局，然後再伺機而動。尼西亞斯擔心的只有一點，那就是雅典會真的被斯巴達逮到可以出擊的機會。

但起碼在現階段，他已經盡了人事。接下來就是希望老天保佑斯巴達人可以被雅典的國力「大外宣」震懾住，因而不敢輕舉妄動。至於西西里島的戰事，就要看阿爾西比亞德斯跟那夥人指派的傻瓜統帥怎麼處理了，反正尼西亞斯是一點也不會羨慕他就是了。

(21:00-22:00)

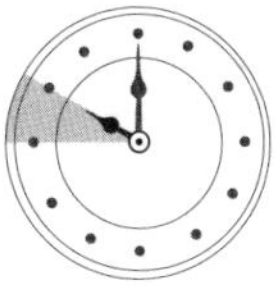

第22章　夜間的第四個小時

婚宴賓客驅逐了鬧事者

時間已晚，佛爾米歐思忖著他要不要去暗示一下新娘的父親，好讓婚宴趕緊往下進行。不過雅典人辦婚禮本來就是一個亂字了得，所以佛爾米歐這名老兵也沒有太驚訝於事情會搞這麼晚。但話又說回來，這種欠缺條理的表現還是讓久居軍伍的他看不太慣。

事實上，佛爾米歐心想，就算婚禮順利進行，拖到今天才辦也已經是晚了，畢竟這樁喜事原本排在迦米里昂月（約當現代的一月底或二月初，又稱聖婚節）。迦米里昂是個適合結婚的吉祥月分，因為眾神之王宙斯就是在這個月迎娶了他的姊姊希拉。

但雅典人結婚不只是一男一女的結合，那也是兩個家庭間的結合。今天結婚的兩個家庭，都是有一定財力的地主階級，且雙方的父親都是佛爾米歐的友人。在婚禮前，要結為連理的小倆口已被佛爾米歐深感同情了一個月，他在想這兩名新人應該挫折感很重吧。他會知道這些，是因為他曠日費時地幫雙方父親處理了耕地、嫁妝／聘金、房產，還有放牧地的權力分配事宜。真正跟婚約有關的部分根本一瞬間就搞定。

最終婚禮被延宕到了隔月安塞斯特里昂（Anthesterion，亦稱花月節）的尾聲。這也是個適合結婚的好月分，畢竟這是春天的開始。從賓客的角度視之，佛爾米歐喜歡這個月更甚於上個月，因為用前一年收穫的葡萄所釀的酒，正好會在這個月熟成到可以喝的程度。酒神狄奧尼索斯在這個月娶了安納托利亞的女王，所以這個月從宗教的角度視之也相當吉利。事實上，為期三天的迎春禮讚安塞斯特里亞（Anthesteria）節，讓雅典城處在了派對的氣氛裡，而這個月分也正是因此得名。

其實婚禮之所以排在月底，就是為了避免與月中的派對衝突。而後由於官方判斷他們需要更多時間來籌備狄奧尼西亞節，因此雅典城的各執政官便若無其事地把安塞斯特里昂月砍掉了五天，然後把這五天灌給伊拉菲波利昂月（Elaphebolion），也就是狄奧尼西亞節要舉行的那個月。

（執政官可以如此隨興，是因為雅典曆法原本就很有彈性，天數與月分都隨時可以視需要增刪。像執政官為了讓軍隊有時間返鄉來慶祝豐年的節慶而把某個月拉長，並不是什麼需要大驚小怪的事情。而今年由於春天來得晚，迦米里昂月就因此被延長，為的是讓安塞斯特里亞節的慶祝活動可以在適合的氣候環境下進行。所以即便不考慮狄奧尼西亞節，安塞斯特里昂月也橫豎必須要裁減天數，好讓伊拉菲波利昂月在正確的時間開始。）

所以說原本應該是安塞斯特里昂月尾聲的現在，變成了伊拉菲波利昂月。因為這是用來向阿提米絲致敬的月分，所以婚禮上的蛋糕是公鹿造型（公鹿是阿提米絲的象徵，一如貓頭鷹是雅典娜的象徵，而馬兒是波塞冬的象徵）。但不論現在是哪個月分，新鮮的美酒都還是又多又便宜，而酒只要夠喝，就一定能炒熱過節的氣氛。

安靜坐在能綜觀全局的角落，佛爾米歐注意到年輕的男性賓客已經在使出各種即興的遊戲、舞蹈與走音的狂野歌聲，逗得長輩們又好氣又好笑。一個名為希波克萊德斯的年輕人正模仿著與他同名的名人，在桌面上倒立著跳舞。這在在場的母親之間引發了一陣騷動，因為就跟所有的雅典男性一樣，他的衣服底下是一片開闊的春光。

希波克萊德斯之舞

說起希波克萊德斯之舞，就不能不談到希羅多德在《歷史》卷六第一二九章中提到的庇西特拉圖（Psistrato）。他除了是一名看不慣女婿的岳父，也是大約西元前六百年前後的雅典領導人。看著原版的希波克萊德斯在桌面上大跳曝光之舞，他的準岳父就取消了婚約，而且還酸溜溜地說：「希波克萊德斯跳掉了他的新娘。」對此沒當成新郎官的希波克萊德斯還是很開朗地說：「希波克萊德斯才無所謂。」就這樣，一句雅典俗語誕生了：「希波克萊德斯才沒差」，意思是計畫中的活動辦不辦都無妨。

現場的男女理應在慶祝時分屬楚河漢界，但只要（男先女後地）用完餐後，兩性之間就可以展開非正式的交流。不過處於適婚年齡的男性並不會湊到女性那邊，而是會在酒桶邊聚集。佛爾米歐對此有一個理論，他覺得這跟牛隻圍成一圈來抵禦狼群，是一樣的情形，只不過這裡的掠食者不是狼，而是雅典閨女們的媽媽。

佛爾米歐看著一名年輕男性誤闖了派對上由女性盤據的禁地，不禁嘴角失守。說時遲那時快，這年輕人已經被「壁咚」在柱子上動彈不得。滿懷希望的媽媽們一擁而上，禮貌但強悍地拷問起他的家庭背景、人脈、自我期許與前途。媽媽們如果肯定他是個有為青年，就會開始簡潔但充滿誠意地推銷起自家閨女的魅力與家務能力。

女兒們之所以不克出席，是因為太幼齒的她們被認定不宜參加節慶，當然新娘是唯一的例外。這天的新娘是個有著可愛蘋果臉的十五歲少女，身穿番紅花色的禮服，頭頂象徵她將步入婚姻的短髮。新娘的面紗已於稍早由新郎在儀式中揭開（這是本日意義最為重大，代表女孩進了婆家的流程），所以沒有東西可以擋著新娘用巴希利斯克[1]的原子光熱線，射向那些在酒桶邊玩開了的大男孩。

是該有人站出來管管了，所以佛爾米歐雖然不是很想，但也只能義不容辭。拿著要裝酒當幌子，

---

1 Basilisk，希臘神話裡可以用眼神殺人的蛇王。

他湊到了年輕人身邊說：「今天是喜事，我們是該好好慶祝，所以我很欣慰你們如此投入，但有個小建議是你們不妨把聲音調低一點。新娘一家子有一點被打擾到。」

他知道自己的建議不會打水漂。雅典年輕人都很懂敬老尊賢，更別說兩鬢灰白的他臉上有條被長矛劃傷的疤痕——外加他還為此賠上一隻眼睛。再退一萬步，他也是佛爾米歐，最近一次戰爭裡較受肯定的一名將軍。如今的他已然引退，但他身為戰士與水手的威名並沒有遭人遺忘（他默默引以為豪的是當他被拔擢去擔任公職時，曾因為欠錢而發生資格不符的問題，但公民大會馬上因人設事地給了他一個小任務去執行，薪酬金額就跟他的負債一樣——這無疑是在向他致敬，而佛爾米歐對此也十分感激）。

佛爾米歐

雖然也是個幹練的將軍與戰術家，但佛爾米歐（Phormio）今日最為人所知的，是他是名偉大的雅典海軍上將。佛爾米歐對伯羅奔尼撒人打贏了兩場海戰，兩次都是以寡擊眾。他的勝利除了帶給自己光榮，也鞏固了雅典在希臘西岸的制海霸權。佛爾米歐在西元前四二八年後就銷聲匿跡，據信他在阿卡爾納尼亞（Acarnania）的陸戰不久後死去，但當然也有可能他只是如本書所述，受了重傷而選擇退休。

由此當佛爾米歐給了暗示後，年輕人就都毫無怨言地散了夥。唯一一個比較桀驁不遜的青年逗留了一下子，是為了用酒杯多舀了一點桶裡的酒。他在鬼臉中牛飲了一口。

佛爾米歐猜想那鬼臉是因為酒被兌了太多水。有句話是這麼說的：第一桶要水多過酒，好讓場面嚴肅一點；第二桶要半水半酒，好讓場面熱絡一點；第三桶要酒遠多過水，這樣才能讓派對像個派對。這時的婚宴早上了第三桶酒，但酒卻還是那麼淡——只是說酒之所以繼續淡，多少也是怕這些望著酒甕不滿的年輕人會喝醉了作怪。

喝太多在這個階段，還是不可取的行為，畢竟婚禮的正規部分還沒有走完：真正的派對要等婚嫁的行列式抵達新郎家後才開始。屆時老人家就會早早去睡，讓年輕人有空間去喝醉——但也不是說他們現在有人攔得住就是了。

佛爾米歐不是沒想到以現在的時間，現場早該點起火炬，大家也該開始醉醺醺地為送親行伍排隊了。但整場婚禮自從男女宣布訂婚以來，已經延誤了不知多少回，既然如此，婚禮當天為什麼就

伴娘在替新嫁娘準備妝髮。

不能繼續拖拖拉拉呢？不可否認這種緩慢的節奏，讓軍人出身的他心裡很不痛快，但佛爾米歐也沒忘了告訴自己：第一，這裡不歸他管；第二，結婚並不等同作戰。

「等哪天駐紮在敘拉古城外，你一定會非常懷念今晚。」他對年輕人說。那名年輕人又牛飲了一口，然後回說：「喔，是啊，阿爾西比亞德斯會示範給我們看仗是怎麼打的。」

新一代的雅典年輕人，總覺得眾將軍們在上次戰爭中的表現（頂多是）差強人意，但今天他們宣稱雅典出了一名獨領風騷的將軍。武要在戰場上運籌帷幄，還是文要在外交上進行折衝，阿爾西比亞德斯都能得心應手。年輕人咸信上次戰爭可以打贏，是因為迪摩西尼福星高照。但如今即便祖國得再次迎戰斯巴達，他們也相信雅典可以不用靠運氣，就輕鬆地把對方打垮。

但佛爾米歐對此不敢苟同。對手只要是斯巴達人，就不可能輕鬆。他們上一仗不輕鬆，若有下一仗也不會輕鬆。但阿爾西比亞德斯就是能說服腦充血的雅典人追隨他。

上一次當斯巴達人開啟戰端時，備戰做得最好的城邦莫過於雅典。雅典完全預期到了情勢的發展，也做好了各種準備要挺過這場硬仗。麻煩的是兩方真的打起來，有太多事會是計畫趕不上變化。

佛爾米歐如實與年輕人分享了這些經驗，但只換得對方輕蔑的嘲笑。「是啦，伯里克利，多偉大的計畫！」他說起伯里克利的名字，就像那會讓他噁心一樣。

伯里克利當時的計畫，是雅典不應該與斯巴達在阿提卡平原決戰。相較於此，他說服了鄉村民眾撤入雅典城，在城牆的庇護下保全性命，至於城外就任由斯巴達人肆虐。郊外的作物可以任由斯巴達人摧殘，反正雅典人要從尤克辛海進口糧食一點都不困難。

這年輕人把杯子重重拍在了桌面上，力量大到濺出的酒宛若一道噴泉。「伯里克利錯了！」

確實，伯里克利有機會預測到瘟疫的發生，畢竟當你多擠了上萬人進入城內，進入每處天井與溝渠，一如伯里克利對來自鄉間的難民所做的安置，滋生疾病的機率確實不低。

再加上雅典的戰略是堅壁清野然後從世界各地船運來食物，而你要知道進口食物當中難免帶有什麼樣的病菌，由此民間爆發疫情幾乎是篤定的事情。計畫一旦大如伯里克利夢想中的如意算盤，你很難避免當中存在重大的破綻。

年輕人突然身體往前一傾，渾身酒氣讓佛爾米歐也退避三舍。

「伯里克利是雅典的災難之父！」

「你別那麼激動。」佛爾米歐厲聲說道，「不然我們可能得去外頭透透氣。你感覺醉意不輕。」

這是個婚宴的場合，他想，是場喜事，不好拿來討論瘟疫，特別是那一年的瘟疫。伯里克利也沒有預期到會發生那種事情，何況他自己也命喪黃泉去陪伴成千上萬殞命的雅典百姓。原本之後要攻打色雷斯的計畫因此喊停，因為瘟疫後的雅典幾乎不剩任何陸軍。他們只勉強能讓海軍繼續運行，畢竟海軍是他們的國運所繫。

在瘟疫發生前，雅典正處於民眾健康最理想的年月。然後疫病突然襲擊了比雷埃夫斯。源自埃及的這場癘病席捲了年輕力壯的青年或如風中殘燭的老人。你可以去看醫生，可以去廟裡求神，也可以聽天由命，反正結果都跟擲骰子一樣，你要麼一命嗚呼，要麼得以苟活——一旦活下來，你會覺得病魔再也傷不了自己一根寒毛。

除了對人命的威脅，這場瘟疫也讓雅典城陷入無政府狀態。雅典人開始為非作歹，開始搶劫、姦淫、殺人樣樣都來，主要是他們覺得反正命不久矣，所以也不擔心會遭到法律制裁。該維持秩序的人也顯得意興闌珊，畢竟命都要沒了還管什麼社稷治亂。反正最後的審判即將到來，他們索性趁有口氣在盡量去玩。

佛爾米歐估計這年輕人在瘟疫時大約十四歲，清秀的外表將讓他很難不在大街上成為性掠食者的目標。但當然他當時應該不會很想出門，畢竟外頭到處有人陳屍在溝渠裡，任由野狗啃食，直到啃食屍體的犬隻也命喪瘟疫之手。一堆堆的火葬場就直接設置在街上，被砸爛的家具與木質的建材成了現成的燃料。大家左手舉行完葬禮，右手就把遺體扔進火裡。

包含佛爾米歐，不少人都注意到斯巴達在瘟疫中毫髮無傷。斯巴達人散居在稀落的村落裡，且這個戰鬥民族鮮少需要把所有村民群集在盛夏的單一城市中。也許早知道，雅典人應該像疏散他們的畜牲一樣，把百姓也都趕到附近的尤比亞島。

佛爾米歐把思緒從過往的苦難轉移到了現今的問題上。「伯里克利……」他起了個頭，但欲罷不能的年輕人立即用音量強壓過他的話鋒。

「別跟我提什麼伯里克利！他是個糟糕透頂的謀略家，也是個百無一用的將軍，更別說其人有多麼腐敗了！他……你別拉著我！」

瘟疫

西元前四三〇年的那場瘟疫，對雅典而言是災難一場，據估計抹殺了在城內避難的三分之一人口。出土的萬人塚顯示這場疫情其實是兩場連續的流行病，包括其一是病毒發生變異的傷寒。我們能掌握瘟疫目擊者的證詞，是因為修昔底德人正好在那兒，也是因為他染了病卻活了下來。本書對於瘟疫的描寫，多半是字字不差地取自修昔底德的《伯羅奔尼撒戰爭史》卷二第四十七章第一節。

佛爾米歐抓著年輕人的一隻手，跟抓住其另一隻手的彪形大漢賓客交換了眼色。年輕人剛剛已經達到了吼叫的程度，而所有人都曾在赴宴前約法三章，只要驚動到其他的賓客，就得被扔到外頭的石板路上。

犯了天條的年輕人在被提起來時拚了命地掙扎，甚至他還出奧步，用腳踢上了佛爾米歐的小腿脛骨，但由於他打著赤腳，所以這樣的攻擊沒有傷到佛爾米歐，反而是弄痛自己的腳趾。其他的賓客刻意在扭動的年輕人被送往出口處的途中裝瞎，所以這傢伙鬧了半天場，達到的效果只有一個，那就是現場的大家都聊夠天、喝夠酒，也吃夠菜了，所有人隱隱然的共識是婚嫁的行列該啟動了。由是大家開始在笑鬧與推擠中離開了廳堂，前往天井集合。

拋下了喝醉的年輕人去慢慢恢復理智後，佛爾米歐加入了以新娘為中心的其他人——他注意到新娘似乎對新婚之夜的後續流程十分緊張。但最起碼，她應該會為了事情不用再拖下去而鬆一口氣。看到佛爾米歐回來，新娘問了他：「當年的瘟疫，真的像那人講的一樣可怕嗎？他看起來好像真的很生氣。」

「這事真的不適合在妳的婚禮上聊。但沒錯，我的理解是那是場慘劇，伯里克利的公子至今都覺得自己有道義上的責任。那就是為什麼他會表現得如此脫序。沒有別人怪他，但他莫名地非常自責。這已不是他第一次在社交場合上喝醉而被丟出門外。」

小伯里克利

伯里克利與阿斯帕西雅的私生子因為他父親所施行的法律，原本被禁止成為雅典的公民。另外普魯塔克曾語焉不詳地暗示說老伯里克利曾染指過他的兒媳婦。但總之無論如何，小伯里克利的「妓生」身分（harlot-birth；此說法據普魯塔克《伯里克利傳》第二十四章中表示語出詩人歐波利斯（Eupolis））似乎曾讓他氣憤難平。他後來被雅典的公民大會追認了合法身分。當與斯巴達的戰爭重啟時，小伯里克利也躋身名留青史，打贏伯羅奔尼撒海戰的名將之列。惟雅典人最終還是處決了他，原因是面對戰後那場隱然成形的風暴，小伯里克利下令三列槳座戰船前往安全處避難，途中對落海的倖存者見死不救。

(22:00–23:00)

第23章　夜間的第五個小時

新娘前往她的新房

婚嫁的行列式已經出發到門外。火炬在空氣中搖曳，是賓客的呼喊笑語劃破黑夜天際，換得了被吵得睡不著覺的左鄰右舍報以大呼小叫的抗議。但街坊並沒有真的生氣。熱鬧而喧囂的婚禮行列式本就是雅典人的喜慶文化，社區裡對此基本上都表示歡迎，不會被吵一下就往心裡去。

菲德拉與她的雙親離開了廳堂，而新郎已經在門口等著完成讓婚姻正式成立的下一個步驟。雅典婚禮中沒有「我願意」的橋段，取而代之的以訂婚為起點，小倆口會在成婚當天早上進行儀式性的沐浴淨身。那天從早到晚，代表的是兩人夫婦關係不斷拉近的一個過程，其中最重要的一個程序莫過於菲德拉的面紗被正式掀起。

接著由新郎握住了菲德拉的前臂，將她從母親身邊一把拉過來，之後岳母就會退到一旁。這個「抓住」新娘的儀式源自史前時代，畢竟曾經新娘就是要在突襲中搶來，或是要在戰爭中俘虜而來。菲德拉的父親會正式認可監護權的轉換：「在現場所有嘉賓的見證下，我在此透過婚姻把閨女交給你，你們將可以合法地生兒育女。」

在那一瞬間，原生家庭將不再是新娘真正的家。她的兒時玩物將要麼送人，要麼祭祀給女神。

她如今是新家庭的女主人，有婆婆在那裡等著迎接她。菲德拉高興的是新家距離她的娘家很近——距離她曾經的故居很近——她堅定地這麼安慰自己。

菲德拉著急地想出嫁，已經好幾年了——她眼看著就要滿十六歲。大部分她的童年玩伴早就嫁為人婦，而且每次這些朋友來家裡玩，菲德拉的母親都把她們當成半個平輩看待，只有她始終像個小孩。

菲德拉自此將會統領家務（她已經跟母親學了好幾年如何持家），然後再過幾年，她也會擁有自己的一窩孩子。

至於這些孩子的父親，她只知道一件事情，那就是他名叫卡恩迪斯，是阿哥隆之子。他沒有身體上的缺陷，並且是家中僅存的孩子，主要是阿哥隆家的另一個兒子在去年那場慘烈的曼提尼亞（Mantinea）戰役中陣亡，而這也加速了讓菲德拉如願走入婚姻，因為卡恩迪斯的爸媽只剩一個兒子活在這充滿不確定的世上，他們必須盡早開始生育第三代，免得家族就此斷了血脈。

其實菲德拉還知道另外一件事，那就是這段婚姻為家中換得了兩（英）畝位於基非薩（Kephisia）德姆的良田，位置距離她婆家其他的地產不遠。事實上這兩家人之所以決定結為親家，一個最大的原因就是雙方土地的地緣關係。

菲德拉希望她的新婚丈夫可以多花點時間在外頭務農，少點時間干預她管理家務，當然親熱的時候還是歡迎他待在家，畢竟這種事得關起門來做。菲德拉對床笫之事仍充滿了好奇。她羞怯但又滿懷期待地看著眼前這個仍不敢大方摟住自己，只敢稍微握住她手臂，引她進入天井裡的男人。在天井裡等著她的，是一場由傳統水果與堅果所構成的熱鬧聚會。

走進天井，小倆口面前立著一輛會載著菲德拉去新家的騾車。她知道騾車的車軸有點不太牢靠，因為她曾在典禮前聽到父親在擔心這一點。用裁剩而屬於下腳料的蘋果木製成，這輛騾車是一次性的產品。等菲德拉抵達新家後，她就會把車燒掉來作為婚姻沒有回頭路的象徵。

這之後她的下一次公開露面，恐怕就是她丈夫的葬禮了。由於卡恩迪斯的年紀是菲德拉的近兩倍，所以她覺得即便敵人的長矛沒有刺穿丈夫的心臟，歲月也會搶先一步將他從自己身邊奪走。至於她自身的生死，菲德拉則曾聽朋友說過分娩的危險。只是說她的骨盆寬得像穀倉門，所以菲德拉也不太擔心自己會因為難產而讓卡恩迪斯成為鰥夫。

送親的行列晃到了街上，菲德拉的母親按傳統手握兩把火炬，走在推車的一側。菲德拉的身邊坐著她默不作聲的新郎，而要到事後，菲德拉才會知道這是因為他被嚇到幾乎全身癱瘓。房子是新的、妻子是新的、家庭也是新的，而這對他來說也是人生很大的一步。靜悄悄的另一半，讓新娘得以旁聽到她母親與一名貴族友人用大嗓門進行的對話，話說那個友人名叫贊西佩（Xanthippe；菲德拉心想，這人的爸媽是不是很恨她，不然怎麼會把女兒取名叫「黃色的馬」？）。

「不，他沒來。很顯然，因為我來了。」騾車突然搖晃了一番，將菲德拉甩到了丈夫的身上。她一時間非常在意這樣的身體接觸，以至於她錯過了母親的回答。贊西佩再次開了口。

「一場狂噴著各種妙語如珠的會飲，只是那些雋語在醉鬼聽來充滿智慧，在智者聽來就只是喝醉。我答應了妳丈夫他會來，但我叫蘇格拉底往東，他就故意往西，真是氣死人也！」

菲德拉又沒聽到對話的下一趴，而這次是因為新郎的友人從旁邊殺出來，話中有話地喊了一聲不知道什麼東西。菲德拉不明白那人說了什麼，但那很顯然是帶有顏色而不太得體的發言，因為聽懂了的新郎「開玩笑」地拍了朋友一下，而且力道好像有點大。

贊西佩是在回想著近期的一場晚宴——那是在雅典引發話題的一頓飯。心血來潮的蘇格拉底邀請了一群朋友到家中聚聚，一點也不擔心贊西佩無法臨時變出六人份的餐點，但其實蘇府當時的食材儲藏室裡只有少許蔬菜跟一副羊排。

贊西佩強烈抗議說就算她餓著肚子不吃，這點東西也餵不飽所有客人。「如果他們是真朋友，就不會在乎有沒有吃飽。」蘇格拉底說，「而如果他們不是真朋友，那我也懶得管他們有沒有吃飽。」

雖說贊西佩是個以無米之炊也難不倒而聞名的主婦，但蘇格拉底壓根沒想到要問她的感受也實在是很誇張。菲德拉心想，這名蘇格拉底雖然在很多方面都是人中豪傑，但骨子裡仍不折不扣是個雅典的大男人。

贊西佩向菲德拉的母親澄清了外傳他們夫妻為此口角的謠言。一如蘇格拉底常掛在嘴上的，吵架這種事情一個巴掌拍不響，而不跟太座吵架是他的原則。以這次的事件而言，贊西佩愈是聲嘶力竭，蘇格拉底就顯得愈發高風亮節，後者要的就是這種不理性與理性的差別。最終贊西佩把蘇格拉底趕出門去，她只差一點就要拿甕往蘇格拉底的腦袋砸下去。

菲德拉好奇地看著母親，她想知道母親對這種老婆把老公掃地出門的驚人（妙）點子，會有什麼反應。但很可惜她母親轉過了身去，所以她能看到的只剩下母親那用葡萄藤所束起在後腦勺的包頭。贊西佩在火炬的光線下欲罷不能，繼續認真地介紹跟人稱「雅典之牛虻」的男人朝夕相處，是如何能把人逼瘋。

被趕出門的蘇格拉底坐在了自家天井的凳子上。

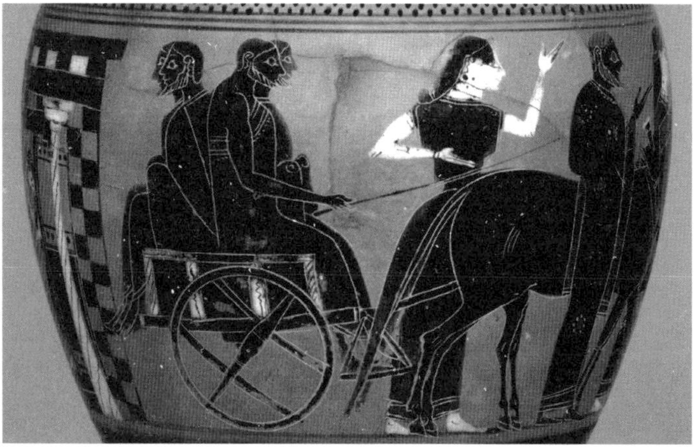

來婚宴尋歡的賓客搭上新娘的便車。

從樓上往下看，贊西佩可以望見蘇格拉底已經跟某個剛剛才從大街上晃進來的仰慕者聊了起來。他眼看著就又要邀請他們進來共進晚餐了。這可讓贊西佩如何是好呢？她此時正好提著一桶水，於是福至心靈，她索性把水往底下一倒，潑蘇格拉底一頭冷水。

菲德拉的母親看著贊西佩，一臉不可思議。「蘇格拉底沒生氣嗎？」

「妳沒聽說嗎？」贊西佩話說得酸溜溜。「他只是抬頭看了一眼說：『果然，打完雷就好下雨了。』那之後每個人遇到我，都要把這話跟我重複一遍——那感覺比他拿棍子打我屁股感覺還傷。但蘇格拉底不會打老婆。他人太溫了。」那最後一句話並不是讚美，反倒是說得惡狠狠。

女人間的對話延續著，但高高坐在騾車上，菲德拉看到了別的東西。他們行在沿著埃里達努斯溪畔一條狹窄的街道上，而對向有大約二十支火炬蜿蜒走來。擦身而過時，這兩組人交換了吼叫與虛張聲勢的威嚇。送親的行伍所遇上的，是所謂的「科莫斯」（komos），那是晚出發的婚嫁隊伍常遇到的危險。

所謂的科莫斯，是一種在街上遊蕩的「移動式派對」，其構成通常是年輕貴族與他們的隨扈。有時候會形成科莫斯，是因為他們爛醉到被某家人趕出來，然後他們就瞎晃要去找某個不設防的朋友麻煩。又或者他們是整團人在轉移陣地，要貫穿市區去跟另一幫狐群狗黨合流。不論狀況是哪一種，古雅典的婚嫁隊伍都有絕對路權，科莫斯理應要讓到一邊。

但實際的狀況是菲德拉的新婚丈夫發出了集放棄與害怕於一體的呻吟說：「喔，拜託，以雅典娜的恩典之名！千萬別是阿爾西比亞德斯。」

一名年輕人用肩頭開路穿過了人群，你可以看到他綁著緞帶裝飾的頭上戴著歪歪斜斜的常春藤與紫羅蘭花圈，古銅色的捲髮在火炬下閃閃發光。他笑容可掬地看著菲德拉，優雅但浮誇地對新娘行了個禮。菲德拉嬌笑了幾聲，遮住了她的臉。所以這就是惡名昭彰的阿爾西比亞德斯嗎？他看起來比菲德拉的想像年輕許多。她的爸媽一臉木然加鐵青，而贊西佩則狠狠地瞪了阿爾西比亞德斯一眼。阿爾西比亞德斯忽視起臉頰飛紅的新娘，把注意力轉向了贊西佩，並故作熱心問了一句：「我想妳應該已經從最近那場晚餐災難的傷痛中走出來了吧？蘇格拉底有收到我送去給他，免得他餓肚子的蛋糕嗎？」

菲德拉知道那塊蛋糕的下場。阿爾西比亞德斯多半也知道。說起蘇格拉底，雅典的八卦磨坊效率驚人。贊西佩搶過蛋糕，將之踩爛在了大街上，殘局則由一群狗兒處理掉了。

蘇格拉底畢竟是哲學家，對整件事都很看得開。他只是聳了聳肩，問了聲贊西佩知不知道那蛋糕其實也有她的分。火冒三丈的贊西佩朝阿爾西比亞德斯跨出了半步。菲德拉有點慶幸贊西佩的手裡沒有武器，否則以她現在的情緒，她應該會打下去再說。

贊西佩

贊西佩與蘇格拉底之間多數的互動，都一字一句，原封不動地來自第歐根尼・拉爾修《哲人言行錄》卷五各處，只有阿爾西比亞德斯的蛋糕被踐踏一事出自伊良（Aelian，即克勞迪亞・埃里亞努斯〔Claudius Aelianus〕）的《雜聞軼事》卷十二第十二章（*Assorted Histories* 12.12）。贊蘇這對冤家始終沒有離異，因為雖然看起來吵吵鬧鬧，但兩人似乎是真愛來著。蘇格拉底一張利嘴經常幫贊西佩說話，而她則在蘇格拉底被處死時痛不欲生，一如柏拉圖的《斐多篇》第六十頁（*Phaedo* 60）所記載。

「這樣可不好。」一名年長的男性看不下去了。「阿爾西比亞德斯，叫你的人退到一旁。」說話的這人是有頭有臉也有錢的希波尼科斯（Hipponicus）。菲德拉的母親自希波尼科斯接受了婚宴的邀請後，就一直喜不自勝，如今就連阿爾西比亞德斯也似乎不得不賣他一個面子。對菲德拉揮手致意後，阿爾西比亞德斯就回到了笑臉迎接他的夥伴身邊。

「他現在想怎樣？」卡恩迪斯突然有此一問。阿爾西比亞德斯此時又轉過身，帶著詭異的微笑朝希波尼科斯走了過去。說時遲那時快，阿爾西比亞德斯狠狠往希波尼科斯身上打了下去。意外挨了一下的希波尼科斯倒在地上。阿爾西比亞德斯的陣營士氣大振而歡呼了起來，結婚的隊伍這邊則看得目瞪口呆。

「你這是幹什麼？」菲德拉的父親質問起來。此時似乎就連阿爾西比亞德斯也被自己的行為嚇了一跳。他揉起了自己的拳頭。

「我跟這人無冤無仇。」他解釋說，「我沒有生氣。我只是在開玩笑兼打個賭而已。」阿爾西比亞德斯示意那是他跟身後笑翻了的朋友們，在玩的一個遊戲。「他們說我肯定不敢。」

希波尼科斯的一個姪子衝了出來要找人算帳，阿爾西比亞德斯的黨羽見狀便圍上去要護主。婚禮隊伍上的一票年輕人放下了火炬，加入了戰局。轉瞬間，陰影中的街道上只見一群人大打出手，男人的咒罵聲與女人的尖叫聲不絕於耳。菲德拉看到底下的混戰，驚呆得嘴巴完全闔不起來。她壓根沒想到：原來婚姻生活可以這麼刺激？

這場街頭鬥毆只進行了不到一分鐘，就有新勢力跑來湊了一咖，他們是無情而高效地揮舞著短鞭，體態精瘦而身上有著刺青的一群。雖然規模不及十二人，但這些人顯然是頭腦清醒且經驗豐富的施暴者，他們看準了哪怕是只稍微有在鬧事的人，就毫無猶豫地抽了下去。很快地，半數打架者就被五花大綁在街邊，還有些送親陣營的年輕人則一身瘀傷在發表怨言。在泥濘地上亂成一團的有被棄置的火炬和被踐踏的花圈。

這些突然殺出來恢復秩序的「斯基泰弓兵」（Scythian archer），相當於古雅典的警察。他們的指揮官是來自雅典公民大會裡一名粗壯的官員。他走向前去對佛爾米歐說明了狀況，期間老將軍一邊臉上若無其事地聽取著報告，一邊偷偷用左手遮擋住指關節在流血的右手。弓兵指揮官朝科莫斯的殘部點了點頭。

> 他曾揮拳打了希波尼科斯一下——希波尼科斯作為卡里阿斯（Callias）的父親，是個不論家世或財力與影響力都深受好評的人物。他與希波尼科斯素無恩怨，也不曾氣憤難平，他這麼做只是在鬧著玩，只是跟朋友在打賭。
>
> **普魯塔克《阿爾西比亞德斯生平》卷八（*Life of Alcibiades 8*）**

「早就預期到這裡會有人鬧事，長官，我們早就在後面跟著這群傢伙。很抱歉綁了你們的年輕人。我們會讓他們冷靜個半小時，然後放所有人走。他們之後會重新加入你們，但請在室內慶祝就是了，麻煩您了。」贊西佩瞄了一眼被綁起來的混混（菲德拉注意到她趁沒有人注意，往對方其中一人身上暢快地踢了一腳）。贊西佩最後問道：「阿爾西比亞德斯人呢？」

「那個年輕人就是這副德性。」佛爾米歐冷冷說道，「他只知道鬧事，但塵埃落定後的爛攤子永遠沒他的事。他只會開溜而不懂善後。」

斯基泰弓兵

據信這些弓兵是由伯里克利引進。他們的工作是要維持街坊的秩序，並執行雅典官員的意志。在阿里斯托芬的劇作《女議員》第一四三行（*Ecclesiazusae or Assemblywomen* 143）中，我們看到斯基泰弓兵出場想要壓制失控的群眾而未果。「我的弓兵不太管用。」負責的官員承認。弓兵們後來也有表現比較好的時候，而當時有名圍觀民眾的評論是：「你可以看到弓兵從市集中拖走不止一名鬧事的酒鬼。」

(23:00-00:00)

第24章　夜間的第六個小時

她接著脫掉了上衣，露出了一件非常短的裙子跟緊緊纏住的胸部。再來她翻了個觔斗，又一次躍過了刀圈，而這次她能感覺到其中一枚刀尖輕劃過她的腳踝。

劍舞舞者萌生愛意

當亞里亞德妮在花園裡進行例行的伸展訓練時，她的男朋友迪米特里歐斯正移動著柔軟性十足的身體，在完成一系列繁複的舞步。他緊閉著眼睛，聆聽耳裡只有他聽得到的節奏。橫笛手媞喀正靜悄悄地按著音符的指法——她之後會吹出聲音來，但此刻的舞團不想打擾在用晚餐的賓客。

他們的經理，也就是所有人口中的「敘拉古人」（他應該早就知道大家這樣叫他），從門後探出頭來。「他們把桌子搬開了。準備好喔。」

亞里亞德妮與她的夥伴是今晚會飲的餘興節目。這是個高級的場合，所以請人來表演也相當大手筆。敘拉古人已經稍微跟他們介紹過了在場的賓客。今天作東的是卡里阿斯，他是雅典一名有權有勢的政治人物。另外有一名拿過獎盃的運動員名叫奧托里庫斯、一名哲學家蘇格拉底、政治家尼西亞斯的兒子尼可拉托斯，還有個由兩名友人陪同出席的小貴族名叫阿嘉松。交際花有三名，其中一名已經開口要了烈酒。

聽到今天竟然只有三名交際花在座，吹笛的女孩不禁做了個鬼臉，因為除非男人們兩兩一組，否則等會飲變調成失控的狂歡之後，就會有一個客人分不到小姐了。至於你想要會飲不失控，基本上是緣木求魚，而到時候吹笛女就會被叫去充數。雖說陪完酒可以拿到豐厚的小費，但這絕非她理想中的工作。她自認是一名（優秀的）樂手，而不是妓女。

「別擔心。」敘拉古人要她放心。「交際花通常都知道如何保持清醒，而男人總會有一個不勝酒力，到時候男女比就會拉平。現在先準備好表演——讚美詩就要開始了。」（會飲晚宴的後半常會先以灑酒與誦唸讚美詩的方式向諸神致祭，之後才會開始認真喝酒。畢竟會飲的原文 symposium 直譯就是一起喝酒。）

隨著讚美詩告一段落，三位表演者魚貫進入屋中的男室，由經理一一介紹。「首先，我們的美女笛手，吹奏技巧無懈可擊。再來，是我們舞藝超群的女舞者，她的舞蹈造詣已然登峰造極。最後是年華正勝而美不勝收，姿態萬千令各位目不暇給的舞蹈美少年。」

媞喀把雜耍用的圈圈遞給了亞里亞德妮，因為那是跳舞的道具，同時間鄰街的門上正好傳來如雷的敲打聲。皺著眉的卡里阿斯派僕役去查看。他交代僕人：「如果是朋友就請他們進來，否則就推說會飲已經結束了。」

不久後從天井傳來帶有醉意，如雷貫耳的叫聲。「阿嘉松在哪？帶我去見阿嘉松！」然後只見阿爾西比亞德斯在兩名僕人的攙扶下，搖搖晃晃地走了進來。

「您可安好，我的朋友。」阿爾西比亞德斯從門徑就打起了招呼。「你願意接待一名爛醉的朋友加入你們的派對嗎？還是你要我把這個花圈交給阿嘉松後走人？我就是來送花圈的，讓我把這個花圈從頭上取下，然後幫這個兼具無雙美貌與智慧的男人加冕。

「你是在笑我怎麼醉成這樣嗎？沒錯，笑吧，但我知道我所說句句屬實。在那之前請先告訴我，我們是否達成了共識？你願或不願與我共飲？」

在眾人的簇擁下，阿爾西比亞德斯不僅不費吹灰之力地進了屋裡，而且還一舉主導起了會飲的程序。「你們都太清醒了，我的朋友們。這我完全無法接受。我被放行入室的條件就是你們願意與我共飲。由此且讓我自告奮勇擔任宴會的控場，你們不醉我誓不罷休。

「給我換個大酒杯。不，你這個下人，把涼酒器給我拿來。」涼酒器是一種花瓶，常見的功能是盛裝冷卻水來供賓客把酒弄涼也弄稀。涼酒器裝滿酒後，就直接變成了一種特大杯的酒水。但阿爾西比亞德斯二話不說就將之一飲而盡。

身體愈晃愈厲害的他命令起僕人：「把蘇格拉底的酒給倒滿。雖然你們會見證到，我的朋友們，這一妙招將對他無效。他會把酒喝個精光，然後感覺一點也不受影響。」

一語未發，蘇格拉底也把涼酒器給乾了。

終於，亞里亞德妮可以開始表演了。媞喀吹出了有點誇張的韻律來幫助亞里亞德妮確認節奏。在座的男性——全都是老兵——一聽就認出那是首知名的進行曲，便情不自禁地唱出了歌詞。迪米特里歐斯又多遞了三個圈圈給已經在拋耍著六個圈圈到接近屋椽高度的亞里亞德妮。為了增加表演的精采度，她舞動到了圈圈的下方一接一拋，拍子完美得不得了。

開心的觀眾忘情地喝采，但完全專注在表演上的亞里亞德妮幾乎什麼都沒聽到。她把其中一個圈圈多拋高了一些，為的是爭取時間接下迪米特里歐斯又丟給她的額外圈圈。這樣她就在耍著十個圈圈，周圍的掌聲也更熱烈了。圈圈愈扔愈高……愈扔愈高……已經都擦到天花板了。舞步沒停的她對迪米特里歐斯點了兩次頭——意思是她還可以再多耍兩個圈圈。

拍手、接、扔。接住最後一個圈圈，再扔、踏步、扔——如今在空中輪轉的圈圈已經有一整打，而亞里亞德妮的節奏也不如之前穩定。於是隨著圈圈一個個落回手裡，她也開始一個個將之拋還給不遠處的迪米特里歐斯，由他負責把接回的圈圈一個個疊起在身旁的桌上。媞喀也開始把節奏從亞里亞德妮的表演上抓回來，並正好將旋律結束在最後一個圈圈被放回桌上的瞬間。微微喘著氣的亞里亞德妮就此下台一鞠躬。

蘇格拉底帶頭鼓起了掌，並為此先將昏睡在他臂彎中，阿爾西比亞德斯的大頭給推開。鼓完掌的蘇格拉底還發表了評論說：「各位先進，這名女孩用她的精湛演出，顯示出女人的天賦一點也不輸給男人。而這只不過是在已有的眾多證據上錦上添花。年輕女性所欠缺的，只是力量跟需要時間累積的判斷力。在座已婚的各位應該要盡力多教導妻子，以便她們能成為你們真正意義上的伴侶。」

樂師的華服與豎琴顯示她接下的是預算頗高的案子。

其中一名酒客做出了不令人意外的反駁。「如果你真這麼想，蘇格拉底，那你是不是應該先把自己的老婆調教好？感覺你家那匹黃馬也跟其他人家的太太一樣野性十足啊，而且我在想，其他雅典人妻搞不好還比較溫馴。」

「這個嘛，」蘇格拉底回應，「且容我沿用你的比喻。希望成為專家的騎士會說：『我不要被馴服到能安上馬鞍的溫吞動物，我的坐騎必須要有牠專屬的精神。』若能與這種動物打好交道，那其他的馬於騎士都只形同兒戲。

「以我自身為例，我喜歡人群，

也好為人師。所以我選擇與精神奕奕的妻子一起生活，我知道如果我連她都搞得定，那我面對外面那群人也不會有任何問題。」

就在兩人有來有往之際，一個大圈圈被以非常花俏的方式出場。這個圈圈幾乎有亞里亞德妮一般高，內裡有一圈刀尖朝內的利刃，中間只剩不算大的空隙。迪米特里歐斯握著圈圈的其中一邊，經理敘拉古人握著另外一邊，而媞喀則重新加快了笛聲的節奏。

在觀眾還沒完全搞清楚是怎麼回事前，亞里亞德妮就縱身躍過了那一圈刀尖，然後一個前滾翻落地。她接著脫掉了上衣，露出了一件非常短的裙子跟緊緊纏住的胸部。再來她翻了個觔斗，又一次躍過了刀圈，而這次她能感覺到其中一枚刀尖輕劃過她的腳踝。落地時她向下瞄了一眼，確認自己的立足點後，然後才又做了個後翻，這次她身體一穿過刀圈就把腳抬了起來，以便自己可以用手落地。在現場充滿張力的一瞬間後，她用力把自己撐起，第三度把身體翻過刀圈。

亞里亞德妮很快地重複了這樣的三連翻，直到看得冷汗直流的觀眾拜託她住手。最終她冷靜且沒出任何差錯地用了一系列前後空翻通過圈圈，在目瞪口呆的觀眾面前完成了整套表演。眾人的呆若木雞，是比熱烈鼓掌更值得表演者驕傲的反應。

「看吧。」蘇格拉底說了話，「你們都親眼看到了一個女孩——一個連女人都還不是的年輕女性——這樣在劍刃之間來去如風，如此你們還能否認勇氣可以來自訓練嗎？你們還能否認人可以被教會勇氣嗎？」

「我們確實無法否認。」某人有感而發地答道。「不，我們的朋友敘拉古人會告訴雅典官方說——只要價錢合理——他隨時可以讓全數雅典民眾有勇氣去近距離面對敵人的長矛。這名舞蹈的少女就是他做得到這點最好的證明。」

是時候讓亞里亞德妮喘口氣了，於是她退到了後台去盥洗，而迪米特里歐斯則用筋開腰軟會旋轉的舞蹈娛樂起觀眾。彷若無骨的他搭配著媞喀的魅惑笛聲，用蛇一樣的舞步在空氣中穿梭。沐浴更衣過後的亞里亞德妮在音樂中放鬆。

她被現場的笑聲撩得十分亢奮。快感、驚奇，甚至是情慾——她已經十分習慣於這些情緒在迪米特里歐斯的舞蹈中洋溢。但歡樂嗎？就不見得了。她偷瞄了一眼，發現迪米特里歐斯正在休息。反倒是蘇格拉底正在地板上帶點情色地扭動。他的鬍子與肚腩玩起了默契十足的波浪舞，鬍子搖完肚腩搖，就像是某種切分音一樣。媞喀雖努力不要走音，但仍忍不住有失專業地一陣陣竊笑出聲。

「怎麼了嗎？」蘇格拉底斥責起全室，口氣十分嚴肅。「你們就都可以笑得很爽，我想要做點健康的運動，好讓自己吃好睡好就很奇怪嗎？我不想像跑者那樣把自己弄到大腿超鼓然後肩膀超瘦，也不想像拳手那樣肩膀寬闊但是兩腿細瘦，不行嗎？舞蹈可以均衡地讓全身都運動到，這樣我身體的比例也比較不會偏廢。」

他說著轉了一圈。

「或者大家不滿意的是我再不用在體育場中找人對練摔角？確實，我這把老骨頭再也無須在大庭廣眾下赤身露體。我冬天會在室內，酷熱的夏日會在蔭涼處運動。但你們還是嘲笑我。我想讓這肚腩消下去一點，很好笑嗎？是這樣嗎？」

他轉身面對敘拉古人。「雖然精采無比，但在刀尖邊緣這樣翻來滾去地玩命顯然不全然適合這場宴席的調性。您是否能說服您麾下的年輕人或許在舞蹈中摻入一些默劇的元素呢？我在想一方面他們也會跳得挺開心，一方面也可以為我們的宴席提供一些我顯然無力供應的優雅與魅力。」

「好主意！」敘拉古人嘆道。「請稍等我一下下。」他衝到媞喀、迪米特里歐斯與亞里亞德妮已經激動地圍成一圈的後台。然後他們只花了一點點時間，就發想出了一個以米諾斯國王之女為靈感的表演題材。話說這名王女是克里特島的亞里亞德妮，跟剛跳完刀圈的亞里亞德妮同名。

在座的觀眾都很清楚那個故事：克里特島的亞里亞德妮曾給了忒修斯金絲線，助他一臂之力穿過迷宮，由此忒修斯才得以斬殺了半人半牛的怪物米洛陶（Minotaur）。在那之後，忒修斯與亞里亞德妮相偕從克里特島私奔，但亞里亞德妮付出這麼多，只換得不顧情分的忒修斯把愛人拋棄在納索斯島上。惟亞里亞德妮還是笑到了最後，因為酒神狄奧尼索斯看上了這名孤零零的美嬌娘，二話不說便將之納為了自己的新娘。

臨時編出的舞碼將演出的，是在婚禮之後，介紹完所有賓客出場的狄奧尼索斯是如何出來迎娶他的新娘。

觀眾們聚精會神地看著亞里亞德妮入座那急就章造出的王座，而媞喀則吹奏起了酒神的狂歡曲調。亞里亞德妮仍舊端坐著，但她那股期待之心已是呼之欲出。

迪米特里歐斯輕輕地朝她舞動而去，溫柔地擁抱著她，而亞里亞德妮則用演出來的羞怯將雙臂環繞著他。兩人盡皆隨著音樂搖曳身體。迪米特里歐斯拉著她站起身來，兩人成為了一對舞伴，時而緊緊相擁，時而像芭蕾舞者似地優雅地跳開。

迪米特里歐斯與亞里亞德妮非常登對：青春、矯健、美麗。隨著舞蹈持續進行，在場者慢慢意識到他們的熱情並非演技——事實上這一對已經忘了這是場表演，跳到了忘我的境界。這已經不是無聲的舞劇，而是兩個年輕人壓抑多時的真情流露。

「妳愛我嗎？」迪米特里歐斯邊問邊放倒了懷抱中的亞里亞德妮。

「愛啊。」她一語表露了衷情。

迪米特里歐斯把亞里亞德妮抱個滿懷，然後把她俐落地甩進了已經有張舒適椅子在候著的後台。這對愛侶渾然不覺午夜時分已過，就像他們也沒把晚宴的賓客放在眼裡，那些人想怎麼展開新的一天，都隨他們歡喜。

會飲

會飲這最後一個小時的光景，是我與柏拉圖、色諾芬合作的成果，其中又以色諾芬的貢獻占大宗。古希臘學者會一眼就看出這當中有很濃厚的色彩來自色諾芬的《會飲書》第四冊（*Symposium Book IX*），只是拿掉了其中的哲學雋語。亞里亞德妮的俐落劍舞、蘇格拉底的東施效顰，還有亞里亞德妮與迪米特里歐斯壓軸的假戲真做，全都典出自色諾芬之手。

關於我想像中剛與婚嫁隊伍狹路相逢完，得以逃脫的阿爾西比亞德斯是如何成為會飲的不速之客，則要感謝柏拉圖的貢獻。在加入了柏拉圖的會飲席間後，阿爾西比亞德斯照例一直非常不安分，所以我默默拿掉了他之後的戲分，把鏡頭都給了蘇格拉底與亞里亞德妮。我自身的貢獻則包括了連戲、編輯與翻譯，畢竟在有目擊者證言的狀況下，原汁原味的歷史會勝過後人的穿鑿附會。

結語

阿爾西比亞德斯如願遠征西西里，由此他率領聲勢浩大的艦隊與陸軍與西西里島上的敘拉古城對敵。惟沒過多久，他就被解除了帥令、召回雅典，然後遭到政敵指控以褻瀆神明的罪名。兵權自此落到了尼西亞斯的手裡，而他從一開始就對遠征之舉意興闌珊。

在歷經了數次重挫後，雅典大軍一如往例地變本加厲，派出了規模更大的海陸軍前往征討西西里，但下場卻是在希臘戰史上最慘烈的一次敗北後全軍覆沒。

斯巴達人趁虛而入對雅典宣戰。這次斯巴達人在波斯人的挹注下荷包滿滿，而且還善用了宿敵一個戰略上的弱點，那就是復仇心切的阿爾西比亞德斯選擇不回到雅典救援，反而投身斯巴達倒打祖國一耙。

雅典奮戰到了最後，但近十年的苦戰還是耗盡了他們僅存的艦隊與兵力，四面楚歌而孤立無援的雅典被迫投降於斯巴達。雅典城牆被再一次拆毀，可恨的克里提亞斯成為了替斯巴達統治雅典的傀儡。

不過雅典畢竟是雅典，這座城邦仍得以再起。在一場迅雷不及掩耳的起義後，雅典人恢復了他們的民主制度，城牆也再一次獲得重建。雅典又回到了那個把斯巴達當笑話看，並繼續為人類文明供應雄辯家與哲學家的生活。

只是說總有些東西，將成為永遠的追憶。

歷史大講堂

古雅典24小時歷史現場：從女巫到摔角老師、間諜到馬拉松跑者，還有蘇格拉底、柏拉圖的日常生活

2021年9月初版 定價：新臺幣420元

著者	Philip Matyszak
繪者	阿諾
譯者	鄭煥昇
叢書主編	李佳姍
校對	聞若婷
	陳佩伶
內文排版	薛美惠
封面設計	倪旻鋒

出版者	聯經出版事業股份有限公司
地址	新北市汐止區大同路一段369號1樓
叢書主編電話	(02)86925588轉5320
台北聯經書房	台北市新生南路三段94號
電話	(02)23620308
台中分公司	台中市北區崇德路一段198號
暨門市電話	(04)22312023
台中電子信箱	e-mail：linking2@ms42.hinet.net
郵政劃撥帳戶	第0100559-3號
郵撥電話	(02)23620308
印刷者	文聯彩色製版印刷有限公司
總經銷	聯合發行股份有限公司
發行所	新北市新店區寶橋路235巷6弄6號2樓
電話	(02)29178022

副總編輯	陳逸華
總編輯	涂豐恩
總經理	陳芝宇
社長	羅國俊
發行人	林載爵

行政院新聞局出版事業登記證局版臺業字第0130號

本書如有缺頁，破損，倒裝請寄回台北聯經書房更換。 ISBN 978-957-08-5966-9 (平裝)
聯經網址：www.linkingbooks.com.tw
電子信箱：linking@udngroup.com

24 Hours in Ancient Athens
First published in Great Britain in 2019 by
Michael O'Mara Books Limited
9 Lion Yard, Tremadoc Road, London SW4 7NQ

國家圖書館出版品預行編目資料

古雅典24小時歷史現場：從女巫到摔角老師、間諜到馬拉松跑者，還有蘇格拉底、柏拉圖的日常生活/ Philip Matyszak著．阿諾繪．鄭煥昇譯．初版．新北市．聯經．2021年9月．344面．14.8×21公分（歷史大講堂）
譯自：24 hours in Ancient Athens: a day in the life of the people who lived there.
ISBN 978-957-08-5966-9（平裝）

1.古希臘 2.生活史 3. 希臘史

740.212 110012897